VICTOR DU BLED

Le Salon

de la

"Revue des Deux Mondes"

PÁRIS

LIBRAIRIE BLOUD ET GAY

3, Rue Garancière

1930

LE SALON

DE LA

" REVUE DES DEUX MONDES "

VICTOR DU BLED

Le Salon

de la

"Revue des Deux Mondes"

PARIS
LIBRAIRIE BLOUD ET GAY
3, Rue Garancière
1930

Avant=propos

*M. Victor du Bled, véritable annaliste de la
Société française, avait consacré les dernières années de sa vie à écrire ses* Mémoires, *qui com-
prennent plus de dix volumes. Il en a publié les
deux premiers sous le titre général :* La Société
française depuis cent ans *(Quelques salons du
second Empire ; Madame Aubernon et ses amis* [1]*).
Nous n'avons pas à dire ici l'intérêt de ce travail
où revivent les salons et une foule de personnalités de la France du siècle dernier. La presse a
souligné l'importance de cette étude au jour le
jour de ce monde de la bourgeoisie, qui a régné
sans conteste pendant plus de cent ans, et qui est
à la veille aujourd'hui de se transformer complètement ou de périr.*

En attendant que la publication de ces Mémoires
*puisse être reprise régulièrement, il a semblé aux
héritiers de M. du Bled et à ses éditeurs, qu'il serait
curieux de connaître par eux la vie intime de cette
illustre* Revue des Deux Mondes, *dont on célèbre
cette année le centenaire. M. Victor du Bled, dont
l'œuvre a été plusieurs fois couronnée par l'Académie française, fut son collaborateur ; il fréquenta assidûment le salon de Mme Buloz ; il y connut,*

[1] Deux volumes, librairie Bloud et Gay.

à une époque mouvementée et discutée, le grand Ferdinand Brunetière, qui changea si profondément l'orientation de la Revue suivant sa propre évolution. Nul mieux que lui ne donnerait l'impression de cette période célèbre, car il possédait l'art de peindre par petites touches, de raconter par anecdotes, de camper un personnage sans avoir l'air d'insister. Parmi les portraits innombrables qu'il a tracés d'une main faussement négligente, celui de Brunetière semble bien digne de rester.

A la suite du célèbre Salon de la Revue des Deux Mondes, *on a cru bon de grouper en une série de petits chapitres l'évocation rapide et variée de quelques autres salons, où se manifestèrent les aspects les plus caractéristiques et les plus variés de la vie de société, à Paris, dans ces quarante dernières années. Là encore, autour des maîtresses de maison dignes d'être fixées pour l'histoire. M. du Bled a su, en quelques traits, ressusciter Renan, Taine, Gaston Paris, tant d'autres physionomies illustres croquées rapidement au cours d'un dîner, d'une réunion mondaine, d'une soirée littéraire ou théâtrale. Tout cela constitue un ensemble, le grand milieu lettré et savant de la capitale, que l'auteur, parfait homme du monde, a si longtemps et si familièrement fréquenté, et dont il a su noter tous les aspects, grâce à une vision rapide et profonde à la fois et à une bienveillance qui n'excluait ni l'impartialité, ni l'esprit, ni même une légère pointe d'ironie.*

Les Editeurs.

Le Salon

de la

" Revue des Deux Mondes „

I

Présenté en février 1878 par Alfred Mézières à Mme Charles Buloz, j'eus assez vite l'honneur d'être traité par elle comme un ami, et, pendant trente-cinq ans, il ne s'est guère passé de semaine où je ne sois plusieurs fois entré dans un salon qui restera célèbre à plus d'un titre, car il n'a pas été seulement le salon de la *Revue des Deux Mondes*, ayant comme tel reçu de 1876 à 1913, l'élite des lettrés, des savants, des gens d'esprit, il a été aussi par excellence le salon de l'amitié, celui où l'on était sûr de rencontrer à toute heure un accueil sympathique, que l'on ne quittait jamais sans éprouver une sensation de réconfort moral ou intellectuel, sans s'applaudir d'y être venu et désirer d'y revenir le plus tôt possible

Mme Buloz eut au plus haut degré la science de l'hospitalité, en même temps que le sens de l'amitié, avec les vertus qui mettent celui-ci en pleine valeur : une volonté perpétuellement tendue vers un but d'harmonie entre ses hôtes, un certain équilibre de facultés qui se manifestait par la pondération des actes, l'indulgence prolongée à l'égard des travers ou même des défauts que rachetaient des qualités sérieuses. l'aptitude à philoso-

pher avec les penseurs, à rire avec les rieurs, à
causer chiffons avec les snobinettes, cuisine avec
les ménagères ; l'art d'écouter les hommes distingués qui voyaient en elle une confidente discrète et aussi l'interprète de leurs désirs auprès
du directeur de la Revue ; de tirer d'eux le son et
l'éclair, en remplissant avec un tact infini le rôle
de chef d'orchestre d'artistes venus de tous les
coins de l'horizon, chacun croyant jouer sa partie
isolée, et se trouvant, par une influence insensible,
faire sa partie dans la symphonie dont il savou-
rait aussi la jouissance collective.

> Chacun en a sa part et tous l'ont tout entier

Le vers de Hugo peut s'appliquer à Mme Buloz.
Nul mieux qu'elle ne sut ménager les petites
susceptibilités de ses fidèles, leur laisser croire et
leur prouver qu'ils occupaient dans l'ordre de ses
affections une place d'élite, deviner leurs soucis,
y porter remède et faire fonction de chirurgien
psychologue, en oubliant ses tristesses person-
nelles pour panser les âmes blessées.

Ce genre de charité est peut-être le plus difficile,
parce qu'il exige la bonté rayonnante, l'intelligence assez ornée pour suivre les autres intelli-
gences dans leurs méandres douloureux, cette
divination qui ne s'obtient que par l'expérience
mondaine unie à l'abnégation altruiste. Oui,
l'esprit de charité la faisait habiter dans les autres,
et on la vit aussi souvent sur le chemin des pauvres
que sur le chemin de l'église. Il y a tant de sortes
de pauvres à tous les degrés de l'échelle sociale!

Je lui ai souvent adressé la question de Louis XIV
à Mme de Maintenon : « Qu'en pense Votre Soli-
dité? » Elle accomplissait toutes choses régulièrement, avec un vif sentiment de l'ordre dans le
devoir, et j'imagine qu'elle tenait de sa mère
cette ponctualité qui fit d'elle une sorte de mar-
tyre de la politesse. Il vint un moment où elle
avait près de neuf cents visites à rendre, et elle
s'astreignit à exécuter cette effroyable corvée
annuelle qui certes contribua au déclin de sa
santé, montant, certains jours, quarante à cinquante étages, refusant de s'affranchir de ces ser-
vitudes, surtout après son mariage avec Landouzy,
alors que, par centaines, les médecins et leurs
familles se précipitaient vers son salon.

Ses excellents dîners hebdomadaires du mardi
à Paris (vingt à vingt-deux convives), ses mercredis et ses dimanches d'Epinay, étaient com-
binés de manière à mettre en présence les gens
qui devaient éprouver des affinités électives les uns
pour les autres. Les dîners étaient assez souvent
suivis d'une réception où pianistes, violoncel-
listes, chanteurs, violonistes réduisaient au silence pendant quelque temps les musiciens de la
parole, toujours très nombreux. Van den Heuvel
jouait à quatre mains avec Mme Buloz, et Delsart
ce *beau brun de la rive lointaine*, comme nous
disions, les accompagnait en tirant de son violon-
celle des accents aussi passionnés et profonds que
ceux de la plus magnifique voix humaine.

Mme Buloz jouait bien, sans plus ; son talent
était froid ; plus tard, il gagna en sentiment, ce

fut après la grave épreuve de 1893. Nous l'écoutions, émus.

La souffrance élargit les âmes qu'elle fend,

et pour exprimer la douleur la musique demeure l'art sacré par excellence.

Elle lisait beaucoup, trop peut-être, car elle voulait se tenir au courant du mouvement littéraire, et ce soin porta sans doute atteinte à l'originalité de son esprit. Elle avait peu de mots à elle, mais se souvenait à merveille des mots d'autrui, et nous les répétait avec un fin sourire. Elle eut assez longtemps une loge à l'Opéra, à la Comédie Française, et bien entendu, assistait à toutes les réceptions académiques : aussi bien la plupart des Immortels étaient ou devenaient des rédacteurs de la Revue. Toutes les manifestations de l'intelligence humaine l'attiraient, mais nous sentions qu'au-dessus de cette apparente curiosité universelle planait une curiosité supérieure, la curiosité des problèmes divins qui pour elle étaient une certitude, et, plus elle avançait dans la vie, plus, j'en suis sûr, lui semblait lumineuse l'affirmation du cardinal Perraud sur la Trinité, *les trois seules personnes intéressantes*, disait-il. La foi ardente qui s'épanouissait dans le jardin secret de son âme lui était un bouclier permanent contre les suggestions de la douleur et du doute.

Cette foi passionnée ne l'empêchait pas, au besoin, de dire son avis sur un mauvais prédicateur, car, estimait-elle, il fait du mal à la religion involontairement, et l'infirmité humaine est telle que nous établissons bien mal le départ entre le dogme et ses professeurs.

C'est dans ce domaine-là que je l'ai vue vraiment éloquente, en paroles, par écrit ; éloquente à force de simplicité, de conviction et de connaissance des livres immortels, l'*Imitation de Jésus-Christ* entre autres, qui faisait ses délices, et dont elle me donna un exemplaire, en y ajoutant les *Pensées* du Père Lacordaire, car elle jugeait de tels ouvrages plus propres que bien d'autres à ramener doucement ceux qui hésitent.

Elle écoutait les sceptiques, les athées comme Dastre qui réduit la Création à l'attraction de deux cellules ; elle ne leur répondait pas, et certes les plus grands apôtres de l'incrédulité ressuscités, réunis en concile, et apportant des preuves spécieuses de leurs négations, n'eussent pas entamé d'un millimètre ses pyramides religieuses.

Au fond, elle ne les aimait guère, et s'en défiait, non pour elle, mais pour tant d'êtres débiles, dénués d'armature solide, capables de tourner comme des girouettes, accessibles à toutes les piperies de l'intérêt immédiat, à tous les escamotages des endormeurs de consciences, l'éternelle armée des faibles pour qui semble fait cet axiome :

Le bon courtisan est celui qui serait athée sous un roi athée.

Elle m'a répété plus d'une fois :

« Voyez-vous, mon cher ami, il n'y a de bon sens que dans le *Pater*. J'entends tous les matins la messe de sept heures à Saint-Thomas d'Aquin ;

j'en reviens toujours meilleure et consolée ; il me semble que j'y converse avec Dieu, comme sainte Thérèse conversait avec Jésus-Christ. Je le vois, je lui parle. Qui donc a dit que la foi, c'est Dieu sensible au cœur? Oui, et je n'ai pas besoin de comprendre davantage. Je n'ai jamais fait de prosélytisme, mais je prie tous les jours pour que les incrédules se convertissent : c'est là mon seul acte de propagande, et je prie Dieu aussi de faire que ma vie soit une propagande. Quant aux incorrigibles malfaiteurs livresques, aux grands empoisonneurs de la morale, je m'efforce de ne point penser à eux. »

Je lui citais alors cette belle réflexion :

« Il n'y a point de plus haute vengeance que l'oubli, dit Balthasar Gracian dans son *Homme de cour*, parlant des petites gens qui font métier de calomniateur ; car c'est ensevelir ces gens-là dans la poussière de leur néant. »

Comme elle prenait des notes sur ses lectures, les sermons et conférences qu'elle entendait, elle me communiqua ses cahiers à plusieurs reprises, et j'y ai puisé mainte pensée religieuse ou morale. Celle-ci par exemple, signée Pascal :

« Le silence est la plus grande des persécutions ; les saints ne se sont jamais tus. »

Et encore :

« La terre et le ciel sont bons, le mal est entre ciel et terre. »

Ce hadith persan :

« Où avez-vous trouvé Dieu ? — Là où je me suis laissé. »

C'était comme une lucarne sur les retraites profondes de son âme. Ce ne sont pas seulement nos relations, nos amitiés, mais aussi nos préférences livresques qui nous révèlent aux autres et à nous-mêmes.

Donc, elle invitait les libres-penseurs, non pour son agrément, mais pour la Revue.

Elle eut quelques engouements d'amitié. Qui n'en a pas? Ces engouements qui d'ailleurs durèrent, et auraient droit peut-être à un autre nom, eurent toujours des points de départ et des mobiles très élevés : l'admiration ou bien une certaine communauté de croyances, de règles morales, de tendances artistiques. Ces sentiments semblaient néanmoins entachés d'exagération aux autres fidèles du salon, mais je n'oublie pas qu'on peut appliquer ici cette sage maxime : « Nous appelons préjugés les opinions que nous n'avons pas ou n'avons plus. » Et puis, il faut tenir compte de la jalousie en amitié ; même quand on s'imagine ne pas l'éprouver, on la ressent, d'une manière presque inconsciente.

Ces nobles affections, où elle donnait certes plus qu'elle ne recevait, n'empêchèrent jamais Mme Buloz de réserver aux anciens amis tout ce qu'ils méritaient.

Une vertu qu'elle pratiqua avec l'exactitude la plus scrupuleuse, c'est la fidélité épistolaire, gage et argument de la fidélité et du cœur. Sur ce point, et très justement, elle pensait le contraire de Mme de Lafayette écrivant à Mme de Sévigné :

« Ne mesurez pas l'amitié à l'écriture. »

« L'amitié appelle la fidélité épistolaire, me dit-elle un jour, et la fidélité épistolaire entretient, accroît l'amitié. »

Et dans un grand tiroir d'une des bibliothèques du cabinet-salon où se trouvait son buste par Henri Allouard, le buste de François Buloz par Guillaume, plusieurs Delacroix, elle me montra trente paquets de lettres écrites par ses amis, rangées, étiquetées avec le plus grand soin.

— Je vous léguerai tout cela, me dit-elle : vous verrez ce qu'on peut en tirer.

Il y avait là des paquets de deux, trois cents lettres, et je n'ai pu m'empêcher de songer qu'ils contenaient de l'histoire en miniature, à dose infinitésimale, histoire d'âmes, de voyages, d'art ou de poésie, poussière de pensées, qui, un jour peut-être, irait se fixer sur un livre, faire revivre des gens qui ne pouvaient s'attendre à une renommée posthume.

Les lettres comme les livres, ont leurs destins. Mais quel que soit l'avenir de ceux-ci ou de ceux là, les bons épistoliers auront trouvé leurs récompense de leur vivant ; ils ont compris qu'il n'existe de véritable, de profonde amitié que là où il y a dévouement, communication incessante des pensées, des esprits. Et comment prouver tout cela quand on est éloigné, sinon par la correspondance? Donner une heure de son temps à l'ami absent, c'est le préférer à soi-même pendant une heure. Les lettres sont des reflets d'âme, des baisers, des consolations, des victoires de l'idéal ; par delà les mers, les frontières morales et matérielles, elles apportent à l'exilé, la sensation balsamique de la patrie, la vision réconfortante du berceau, du foyer où l'on a grandi, des grands et des petits bonheurs d'autrefois, de tout ce qu'on a fait, dit ou rêvé avec des êtres de sympathie, aimés ou adorés. Les lettres attestent la reconnaissance, la personnalité, elles disent que la vie vaut la peine d'être vécue, elles protestent contre l'oubli et l'égoïsme. Il n'y a de bonheur que celui qu'on donne ou qu'on partage, et il en va de l'affection comme de la foi : celle qui n'agit point semblera toujours peu sincère.

On sait la définition de la télépathie : l'apparition d'une personne absente, lointaine, à une autre ; les lettres, par leur puissance d'évocation, constituent une sorte de télépathie du cœur que la plus merveilleuse télégraphie sans fil ne remplacera jamais. Et quel prestige le roman par lettres n'a-t-il pas obtenu jadis! Enfin les lettres n'ont-elles pas fait, du moins accru ou consacré la réputation de Mmes de Sévigné, de Choiseul, du Deffand, de Mlle de Lespinasse, de Voltaire, Galiani, Mérimée, Doudan et de tant d'autres qui ne songeaient qu'à plaire ou à prouver leur tendresse en écrivant? La renommée est venue par surcroît.

Il serait beaucoup plus facile d'énumérer les littérateurs de renom qui n'ont pas connu Mme Buloz, que ceux qui ont fréquenté chez elle ; ceux-là sont légion, et je n'ai même pas la prétention de les nommer. Si l'on se souvient que Mme Marie-Louise Pailleron a publié déjà plusieurs volumes savoureux sur son grand-père François

Buloz, on comprendra mon regret de ne pouvoir
en consacrer un au salon de sa belle-fille ; j'ai
déjà dit que l'heure presse, et je voudrais, avant
le départ suprême, avancer le plus possible la
grande toile de Pénélope de mes mémoires. Je
me contenterai donc de tracer quelques figurines
et de reproduire une partie de mes notes sur ce
salon.

Pour les intimes, je me sens plus à l'aise, parce
qu'ils sont forcément moins nombreux, et je
veux nommer tout de suite : la comtesse de Nadaillac, les Bellaigue, Allouard, Brunetière, les
Ménard, les Henry Houssaye, les Brice, Camille
Doucet, Edmond Plauchut, Delsart, Van den
Heuven, Charles Benoist, les Joseph Bertrand,
les Archambault, Albert Delpit, Mme Bréguet,
Mme Cot et ses enfants, René de Récy.

Dans le peloton familial : le professeur Richet,
membre de l'Académie des sciences, et Mme Richet,
Charles Richet, frère de Mme Buloz, Mme Charles
Richet, leurs sept beaux enfants ; les de Bury,
Mme Vavin, la marquise de Montebello.

Le professeur Richet, chirurgien de premier
ordre, assez solennel, portait lui aussi sa tête
comme un Saint-Sacrement, et non seulement sa
tête, mais ses paroles qu'il émettait majestueuse-
ment ; au fond excellent homme, psychologue
pénétrant, et quand il se sentait en confiance, disant des choses qui trahissaient sa rare expé-

rience de la vie. Que dis-je? Il ne détestait pas la causerie enjouée, un peu gauloise même, et je me souviens qu'à Carqueiranne, à Epinay, les histoires grasses d'Allouard, mes anecdotes anacréontiques du XVIII° siècle, l'ont souvent faire rire de bon cœur. A lui, comme aux autres professeurs de la Faculté, les étudiants ne manquèrent pas d'accoler des historiettes, des mots plus ou moins authentiques qui avaient la prétention de peindre certains traits d'esprit ou de caractère. Ainsi on citait ces *formules* du vieux maître débitées à ses élèves pendant la visite du matin à l'hôpital :

« Vous n'êtes pas sans avoir vu des chevaux aller à la garde-robe? »

« ... Quand la comtesse se réveilla après l'opération, elle était morte. »

« ... Cette maladie de mon beau-père que j'ai eu l'honneur de guérir et de sauver... »

Tout cela est fort possible, et prouve seulement que l'improvisation a ses bonnes fortunes et ses faux pas. Le régime parlementaire nous a familiarisés avec de bien autres bizarreries : et notez que les orateurs, pour le compte-rendu analytique ou officiel, font la toilette des discours prononcés par eux ; ils la font même si bien que ceux-ci perdent souvent leur physionomie réelle. Il est vrai que la plupart des discours de ces jeunes gens qu'on appelle les anciens sont fabriqués de toutes pièces par leurs historiens.

En 1878, Charles Buloz, directeur de la *Revue des Deux Mondes*, en dehors de certain défaut qui eut des conséquences désastreuses, était un fort aimable homme, facile à vivre, et qui, s'il n'avait pas l'intelligence géniale de son père, possédait ce qu'on pourrait appeler la routine du métier, le sens de l'article agréable à l'abonné, j'entends à l'abonné moyen, celui qu'il s'agit de distraire et de ne pas ennuyer.

Il faut, si j'ose dire, du Beethoven, du Wagner, du Berlioz dans une Revue ; il y faut aussi du Rossini, de l'Auber, de l'Offenbach même, du grave, du doux, du plaisant, de la gaieté fine et de la gaieté à gros grains. Charles Buloz avait l'intuition des désirs du lecteur, et il a bataillé plus d'une fois avec Brunetière, avec les gros bonnets littéraires qui voulaient lui faire avaler des numéros de grand style, mais de fort petit amusement. Il a reçu contre vent et marée des romans qui ne semblaient pas assez distingués aux raffinés, et il a eu tout seul, des idées très heureuses, comme celle qui consistait à donner au fur et à mesure, des espèces de monographies sur nos vieilles provinces ; quelques-unes ont paru ; son départ, en 1893, a empêché les autres d'éclore ; celles qui ont vu le jour furent admirablement accueillies dans les départements intéressés, les journaux locaux en donnèrent de nombreux extraits. Il est regrettable que cet essai de folklorisme n'ait pas été continué : nos provinces en eussent recueilli maint avantage, leur importance sociale eût été mieux comprise, et l'idée du retour à la terre, de la lutte contre l'absentéisme eût gagné du terrain ; la Revue y eût trouvé de solides recrues, des abonnés fidèles, de ceux qui ne changent point.

Je dois convenir que Charles Buloz était assez indolent, et qu'il s'en remettait trop aux secrétaires de la Revue, à Brunetière en particulier qui se mettait toujours en avant et n'était pas fâché qu'on crût qu'il était le *deus ex machinâ*. Il n'est nullement prouvé qu'on ait fait une bonne affaire en se séparant de Buloz, et je crois au contraire qu'on pouvait trouver et conclure une espèce de concordat au moyen de quoi on eût gardé le secret, évité l'éclat, le remplacement à grand orchestre. Il en est de certaines crises pour une revue comme d'une minorité en politique ; ces temps-là sont presque toujours fertiles en périls pour la royauté et la nation. Une revue aussi est menacée dans de telles conjonctures, les compétiteurs surgissent qui veulent profiter de l'ébranlement produit pour fonder à leur tour des recueils hostiles, destinés à supplanter l'ancien ; la fidélité des sujets, c'est-à-dire des abonnés, tiraillée en divers sens, chancelle ; plus d'un se sent disposé à imiter le pigeon voyageur de la fable de La Fontaine

Personnellement je n'ai eu qu'à me louer de Charles Buloz, et comme collaborateur et comme ami ; c'est pourquoi, en dépit de ses torts très graves, je serai équitable envers lui. Que de fois Mme Buloz ne m'a-t-elle pas dit après la catastrophe :

« J'ai été heureuse pendant vingt ans ; mon mari passait avec moi toutes ses soirées dans le

monde ou *at home* ; il a toujours acquiescé à mes
désirs de voyages, de réceptions, fait grand accueil
aux miens, à mes amis. Jamais un mot d'oppo-
sition, toujours de bonne humeur : je ne pouvais
pourtant me douter qu'il commettait ses fredaines
de deux à cinq. »

Les trois secrétaires de la Revue étaient Radau,
Joseph Bertrand, Ferdinand Brunetière.

Radau qui avait la physionomie d'un vieux
savant de conte familier, était extraordinairement
érudit, polyglotte, timide et beaucoup trop modeste, ce qui est presque toujours une faute en
un temps d'arrivisme éperdu. Il rendait les plus
précieux services à la Revue, et nul ne pouvait
rivaliser avec lui pour la correction de certaines
épreuves où des auteurs prenaient des libertés
excessives avec la syntaxe, avec la science, avec
l'histoire.

Tout jeune il fut attiré définitivement par deux
grandes harmonies, d'une part la musique classique, et d'autre part, la mécanique céleste qui,
avec la simple loi de Newton pour base, explique
et prévoit avec précision les mouvements com-
plexes des corps célestes ; il leur donna tout le
temps dont il pouvait disposer.

Il se laissait oublier et tout de même remarquait
les oublis, car il y a fait devant moi de discrètes
allusions ; en dehors des rédacteurs et secrétaires
de la Revue, il ne voyait à peu près personne, vi-

vait perché en haut d'une vieille maison à côté de
Saint-Sulpice, comme un moine dans sa cellule.
Il faut que son mérite ait été bien grand, car ses
juges vinrent au devant de lui, sans qu'il fit un
pas vers eux : il fut élu membre de l'Académie
des Sciences, membre du Bureau des Longitudes,
et finit par donner sa démission de secrétaire de
la Revue. Il n'aimait pas Brunetière, raillait parfois ses prétentions de tirer à lui toute la couver-
ture (*sic*) et ce qu'il appelait l'infaillibilité hau-
taine de ses virevoltes littéraires :

« Qu'est-ce que cela peut faire au public, disait-
il, que Brunetière prodigue ses faveurs tantôt à
Montesquieu, tantôt à Buffon, et qu'il nous serve
de vieux flonflons désuets sur les romantiques et
les classiques? etc... Il faut que le lecteur soit bien
jobard pour suivre avec intérêt ce jeu de massacre
alternatif. »

Joseph Bertrand était, lui aussi, un grand laborieux, très instruit, possédant à merveille la tradition de la Revue, n'ayant nullement besoin de
consulter la table d'icelle pour se remémorer un
article paru vingt ans auparavant et qu'on croyait
oublié. Plus mondain que Radau, mais mondain
avec discernement, avec sélection, ne donnant pas
facilement son estime, son affection, ayant son
franc-parler quand il se sentait en confiance, il
en savait long et large sur les collaborateurs de
la Revue, et eût été certes en mesure d'écrire de
piquants volumes anecdotiques où il aurait fait
à chacun sa juste part. Mme Buloz l'appréciait, et
chaque année, il passait un mois à Épinay avec

les siens. L'esprit subtil, assez ironique et paradoxal de Mme Bertrand était goûté dans l'éloquent cénacle. Peu d'existences d'hommes de lettres ont été ennoblies par une belle probité morale unie à l'élévation du caractère ; il a récolté l'estime et la considération de tous ceux qui l'ont connu, l'amitié profonde d'hommes tels que Victor Cherbuliez, Hanotaux, Landouzy, André Bellessort, Robert de la Sizeranne, de ce non pareil Etienne Lamy qui lui offrait le délicat plaisir de son hospitalité annuelle dans le Jura. Secrétaire général de la *Revue des Deux Mondes*, il a rendu de précieux services, très appréciés par M. René Doumic. La magistrale direction de celui-ci en moins de neuf ans, a plus que doublé le tirage de la Revue, et on a pu en toute justice, le comparer au fondateur François Buloz.

Ni Bertrand, ni Radau ne furent des orateurs, mais Brunetière l'était pour les trois. Les deux autres étaient causeurs d'intimité, Brunetière était par excellence le causeur-tribun, qui remplit de son verbe un cabinet, un salon, une salle de théâtre, l'amphithéâtre de la Sorbonne, qui ne veut pas seulement être le premier, qui veut être le seul. Il n'eut pas l'esprit de mots, dans le genre de Rivarol, Chamfort, Dumas, Pailleron, mais si l'on peut dire, il posséda l'esprit logique, l'esprit de construction pour ses propres thèses, de démolition pour celles des autres. On oubliait qu'il n'était pas beau, on oubliait certains gestes étriqués, celui qui consistait à porter son doigt en avant, à l'instar d'une vrille, et à le tourner avec rapidité vers l'interlocuteur qu'il semblait vouloir transpercer; on se sentait en présence d'un homme qui prétend combattre, persuader, terrasser, et qui a toute une armature préparée dans ce but : à défaut des flèches l'épée ; à défaut de la lance la balle ; et si celle-ci ne suffit pas, la grenade, le canon, la torpille. Aujourd'hui on le comparerait à Dempsey ; et ce qui est certain, c'est que les plus fiers boxeurs de la causerie ne parvenaient pas à le faire toucher des deux épaules (*knock-out*), qu'en tout cas il ne se serait jamais avoué vaincu.

Il y a plusieurs Brunetière dans Brunetière : celui que j'ai vu le 10, le 11 décembre 1906, et que j'ai crayonné en rentrant chez moi, sous le coup de l'émotion, et que je vais présenter, n'est pas celui que d'autres ont connu, que j'avais moi-même découvert petit à petit.

... Hier, avant-hier, j'ai contemplé longuement sur son lit funèbre l'ami de vingt-huit ans que j'aimais tant à écouter, un des plus robustes remueurs d'idées de notre temps, celui dont la parole véhémente pénétrait si profondément, même lorsqu'on ne pensait pas comme lui. Cet Hercule cérébral, comme je l'appelais parfois, a été terrassé par la maladie, et voilà en présence de l'éternité un des hommes qui ont le plus et le mieux agité les doctrines qui nous rapprochent de l'éternité, et font que la vie vaut la peine d'être vécue, que le tombeau est un berceau et la mort une aurore.

Je l'entends lorsqu'il nous contait ses débuts

difficiles, sa lutte persévérante pour le succès de bon aloi. le succès par les lettres et l'honneur ; car il y a toute une littérature mercantile qui enrichit plus ses adeptes qu'elle ne les honore.

« Beaucoup de jeunes gens, disait-il avec un peu d'impatience, jettent le manche après la cognée parce que les alouettes ne leur tombent pas toutes rôties dans la bouche. Si je leur disais que j'ai eu six articles refusés à la *Revue des Deux Mondes* par François Buloz, et refusés avec raison, que le septième seulement a été reçu, et qu'après j'en ai donné près de trois cents, je parie qu'ils ne seraient nullement consolés. Aujourd'hui on veut brûler les étapes. L'automobile règne, moralement et matériellement. »

La mémoire de Brunetière ! Une mémoire comparable à celle de Méry, de Macaulay, de Villemain. Non seulement il n'avait pas de carnet d'adresses, mais il savait les adresses des amis de ses amis, pour peu qu'on les eût dites une ou deux fois devant lui. Bien souvent il me rappela des incidents minuscules, des observations de détail faites dix ans auparavant pendant une promenade à travers les bois de Meudon, de Verrières, de Fontainebleau ; car il a habité Passy, et résidé souvent, l'été, dans les environs de Paris.

Il avait parfois, pendant tout un dîner, des élans de gaieté, de bonhomie aimable, ne dédaignant pas de faire des calembours aussi mauvais que ceux de Victor Hugo, surtout quand il y avait des dames. Pendant longtemps, il eut presque de l'aversion pour la littérature féminine et ne fai-

sait guère d'exception que pour Mmes Bentzon et
Arvède Barine. Dans les sept ou huit dernières
années de sa vie, il revint à une opinion moins
absolue, et accueillit favorablement prose et vers
de nos poétesses et romancières à la mode, Mmes de
Noailles, de Régnier, Mathilde Serao, Claude Fer-
val, L. Espinasse-Mongenet entre autres. Au fond,
il ne cessa de partager en pareille matière les opinions du bonhomme Chrysale.

Oui, il avait des heures de détente, des heures
où il renvoyait au lendemain les affaires sérieuses ;
chez Allouard, je l'ai vu se mettre à quatre pattes
et marcher ainsi, portant sur son dos les fils du
sculpteur ; chez Mme Whitcomb, chez les Frey, il
gaminait jovialement, faisait du trapèze à Epinay, jouait du mirliton à la campagne chez
d'Avenel, et, au fameux bal costumé donné par
les Buloz, dans leur hôtel de la rue de l'Université,
construit sous l'Empire pour Eugène de Beauhar-
nais, non seulement il assista au dîner des intimes
qui précéda la fête, mais pendant le festin il
entama avec Bellaigue une discussion tintamarres-
que dans le genre des boniments de Bobèche, et
il resta jusqu'à quatre heures du matin, souriant,
plein d'indulgence aux propos galants qui fleu-
rissaient sur les lèvres des danseurs, trouvant
même que nous restions à mi-chemin des audaces
de bon aloi qu'autorisait la circonstance. Et je
puis certifier qu'il ne songeait nullement à prendre des attitudes revêches dans le genre des deux
philosophes dans l'*Orgie romaine* de Couture.

Ce jour-là, ou plutôt cette nuit-là, Mme Henri

Houssaye qui conduisait le cotillon avec beaucoup
de maëstria, eut des mots très spontanés. Comme
Bellaigue déclarait : « Je vais me retirer. Cinq
heures du matin ! Il est temps ! » Elle reprend :
« Vous allez à une autre soirée ? » Enfin le combat étant fini faute de combattants, vers six heures,
elle part ; et à neuf heures du matin, se dresse
sur son séant, secoue son mari plongé dans le plus
profond sommeil, et s'écrie d'un ton navré,
comme si elle avait perdu un collier de perles sans
prix : « Henri ! Henri ! J'ai oublié la figure des
agendas ! »

Soit dit en passant, les Houssaye furent un des
plus jolis couples de mon temps, et leur fille a
suivi les traces de ses parents.

Il m'advint de passer avec Brunetière, sa femme,
les Frey, trois jours chez les L'Hermitte à Coucy ;
il y fut, en toute vérité, extraordinaire de fougue
verveuse, et je me suis parfois demandé si ce n'est
pas à cause de ces foucades, d'ailleurs assez rares,
qu'un journaliste, informé par le *Diable Boiteux*,
s'amusa pendant quelque temps à dénaturer les
gestes et paroles de celui qu'il appelait : le *Cen-
taure de la rue d'Ulm*.

Toujours chez ces aimables L'Hermitte, il me
procura un étonnement d'un autre genre : je ne
sais à propos de quoi je citai, comme un chef-
d'œuvre, l'épitaphe d'Elisabeth Ranquet par Corneille ; il me demanda de la dire, je le fis, et il
déclara qu'il ne la connaissait pas, qu'elle méritait mon éloge. Il n'était pas homme à confesser
une ignorance pour faire plaisir à un camarade,

et je fus agréablement surpris d'avoir pu révéler une page du xvii° siècle à celui qui le connaissait si bien.

Ses amis lui doivent d'inoubliables joies littéraires.

Un soir, je dînais chez lui avec Dastre et Robert de Bonnières ; pendant le repas la conversation tomba sur les poètes lyriques du xix° siècle. A peine étions-nous sortis de table, il nous mène dans sa bibliothèque, grimpe sur l'escalier roulant, choisit une douzaine de volumes de Victor Hugo, Lamartine, Musset, Vigny, Leconte de Lisle, Sully-Prudhomme, Hérédia, et se met à nous lire ses pièces préférées, avec des commentaires aussi éloquents qu'ingénieux.

Il était un prodigieux diseur, un *dupeur d'oreilles* comme l'abbé Delille, comme Jean Aicard ; et cette diction était si parfaite qu'aux fameuses conférences sur Bossuet à la Sorbonne, Mme Pasca emmena avec elle de jeunes comédiens pour qu'ils apprissent à parler juste en scène. Comme elle le racontait chez Mme Aubernon, je citai le cri de Rachel entendant Guizot à la tribune : « J'aimerais jouer la tragédie avec cet homme-là ! »

Nous étions sous le charme, écoutant, interrompant de loin en loin pour demander des vers aimés. Notre hôte avait commencé à neuf heures et quart ; à trois heures du matin, il saisissait deux volumes d'un autre grand lyrique, Bossuet, détaillait vingt-cinq pages, et refermait le livre en disant : « C'est un si brave homme, ce Bossuet ! » Et nous partions à quatre heures du matin.

Une des raisons de l'évolution de Brunetière vers le catholicisme, c'est sans doute son admiration profonde pour Bossuet : tous deux appartiennent à la même famille d'esprits, les autoritaires de la pensée, qui ne sont pas toujours des autoritaires en action.

Il n'aimait pas beaucoup le monde, et cependant il fréquenta chez quelques amies, Mmes Buloz, Aubernon entre autres. Lorsqu'on savait d'avance qu'il assisterait à un dîner, les intimes sollicitaient d'en faire partie. Et c'était proprement un délice, un délice d'un genre particulier, tant cette conversation laissait une impression troublante, forçant les auditeurs à réfléchir, à regarder en eux-mêmes ; l'un d'eux m'a dit que cette argumentation poignante, incisive, l'étreignait dans une sorte d'étau de fer.

Il s'occupait rarement des personnes, toujours des idées :

« Sainte-Beuve, me dit-il un jour, est le maître de la critique personnelle ; je veux être le maître de la critique impersonnelle. »

Il n'eut pas le temps d'accomplir toute sa tâche ; le travail était sa première passion, et, poussée à ce point, cette passion devient un défaut, le plus honorable des défauts. Quand on a cent de forces cérébrales ou physiques, et qu'on en dépense cent cinquante, la catastrophe peut être retardée, elle finit toujours par arriver. Il n'écoutait guère les conseils, ne se soignait pas bien, son écritoire n'était pas pour lui une fontaine de Jouvence, comme pour Michelet ; il en abusait, parce qu'il était triste, et que le travail était son absinthe, sa cocaïne.

Pendant une grave bronchite, la Faculté lui avait absolument interdit les orgies de labeur dont il était coutumier. Nous venions le voir, mais il ne fallait pas rester longtemps pour éviter de remplacer une fatigue par une autre fatigue. Un jour je me présente ; Mᵐᵉ Brunetière me dit :

« MM. Thureau-Dangin et Faguet sont avec lui depuis trois quarts d'heure ; il est si délicat, il parle, il s'échauffe, c'est au-dessus de ses forces. Je vais vous introduire : tâchez de les faire partir le plus tôt possible. »

En effet, au bout de dix, douze minutes, je me lève, déclare que je vais me retirer et reviendrai le surlendemain. Mais lui :

« Non, non, ne partez pas et ne faites pas partir mes confrères ; vous avez beau être le maître des cérémonies du bon ton, je vous devine. Vous êtes le porte-parole de Mᵐᵉ Brunetière. Non, non, restez, messieurs ; cela me fait du bien de causer. Je ne peux guère travailler ; or, quand je suis seul, je retombe sur moi-même, et c'est un poids infiniment lourd. »

Cette déclaration m'étonna de la part d'un homme dont le cerveau était une sorte de cratère toujours en éruption. Comme Marguerite de Navarre, comme Mᵐᵉ du Deffand, comme Chateaubriand, et tant d'autres, il a porté « plus que son faix de l'ennui commun à toute créature bien née ».

Les paroles d'Ernest Renan sur sa sœur Henriette me reviennent à la mémoire. Ne trouvent-elles pas ici leur application? Les voici :

« La partie vraiment éternelle de chacun, c'est le rapport qu'il a eu avec l'infini... Je n'ai jamais douté de la réalité de l'ordre moral, mais je vois maintenant avec évidence que toute la logique du système de l'univers serait renversée si de telles vies n'étaient que duperie et illusion. »

*
* *

Albert Delpit fréquentait beaucoup le salon de la rue de l'Université. Je l'avais connu bien avant de le rencontrer chez Mme Buloz.

En 1865 il était à Louis-le-Grand en même temps que moi. Elève médiocre, excellent camarade, il avait déjà le diable au corps, l'imagination fiévreuse, toujours en gésine de projets plus ou moins hasardeux. Je quittai le lycée avant lui, je le perdis quelque temps de vue, je crois qu'il ne put se faire à la discipline de la boîte, repartit pour la Nouvelle-Orléans, revint à Paris où je faisais mon droit et où je le retrouvai avec grand plaisir.

Barbe et cheveux blond vénitien, un beau front, des yeux petits, expressifs, une taille au-dessus de la moyenne, un air de franchise avenante, rien de très original dans la parole, mais beaucoup d'entrain et déjà une sorte d'exubérance universelle. Tel il m'apparut à dix-neuf ans. Ç'eût été peine perdue de lui rappeler la maxime orientale : « La parole sort de la bouche comme un

petit oiseau, et revient grande comme un cha-
meau. » Mais la jeunesse rayonnante est un si
précieux passe-partout ! On le trouvait charmant,
plein de verve, d'idées généreuses ; il cherchait à
se faire un nom, fréquentait chez les littérateurs
et journalistes connus, se proclamant disciple de
Dumas père, publiait sans relâche romans et
poèmes, fondait même un journal en vers, qui
n'eut que trois ou quatre numéros, n'avait pas
toujours de quoi dîner, demeurait plein de foi
dans son avenir. Mes parents le recevaient volontiers, et il m'impressionnait avec ses récits du
monde littéraire, qui faisaient à l'étudiant en
droit très peu déluré que j'étais, l'effet d'un conte
éblouissant des *Mille et une Nuits*.

Il hésita longtemps avant de s'offrir le luxe d'un
habit noir, et racontait naïvement ses soucis à
Charles Richet. Son tailleur eut confiance et lui
dit :

« Allons, monsieur Delpit, je vais vous faire un
habit noir, vous me le paierez quand vous serez
célèbre.

— Et, remarqua Delpit avec bonhomie, *je l'ai
payé.* »

Le succès était venu ; la *Revue des Deux Mondes*
publia ses romans ; *Le Fils de Coralie* eut plus de
cent représentations au Gymnase. Delpit épousa
une femme d'esprit qui le traitait comme son
fils, et me narrait avec une philosophie souriante
les succès d'actrices qu'il obtenait à son détriment.

« Si encore, concluait-elle, il avait un peu

d'ordre ! Mais il ignore l'A B C de l'économie domestique, et ici l'argent part bien plus vite qu'il n'arrive : il a un trou dans la main. Savez-vous sa dernière frasque? Cette fois, il s'agit d'une femme du monde, pas plus délicate que les actrices. Dans une de ces heures où... vous m'entendez, elle lui laisse deviner qu'elle a de graves ennuis avec son couturier; bref, elle lui doit douze mille francs, juste le prix qu'il devait toucher pour son roman en cours de publication. Avec l'impétueuse naïveté que vous lui connaissez, il le lui avait révélé. Mon chevaleresque auteur ne fait ni une ni deux, va palper la forte somme et l'apporte à son idole qui lui promet de le rembourser bientôt : « Un prêt, un simple prêt ! » s'écrie-t-elle en embrassant Albert. Un prêt de trois cents ans sans intérêts! Il faut confesser qu'elle est très belle, la mâtine, une déesse, paraît-il, de la tête aux pieds. C'est égal ! Il m'a naturellement confié son aventure et je me moque de lui, si bien qu'il est dégrisé, et compte se venger en drapant la dame dans son prochain roman. Et il faut encore que je le console de tous les chagrins qu'il me cause ! »

Madame Delpit finit par se lasser de ses excentricités, et se remaria plus tard avec un peintre animalier de talent.

Delpit, tout en jetant son bonnet par dessus les moulins, ne laissait pas de travailler beaucoup, et sa facilité extraordinaire, une imagination pittoresque, donnaient le change sur les négligences du style et l'insuffisance de la documentation, si utile quand on compose des chroniques

ou même des romans. Lorsqu'il allait chez les
Richet à Carqueiranne (Var), il se faisait précé-
der de toute la collection Larousse, qui était son
grand arsenal d'érudition.

Un jour, j'entrai chez lui ; il alignait de la
copie, toutes fenêtres closes à deux pas de la mer.
Etant allé à la poste de Carqueiranne pour expé-
dier une lettre recommandée, la receveuse-bura·
liste lui demande son nom, et s'évanouit en entendant : Albert Delpit. Elle lisait avec ravissement
ses romans ! Delpit fut si flatté, qu'il écrivit aussitôt à son éditeur, Ollendorff, d'adresser à son
admiratrice toutes ses œuvres.

Sa facilité improvisatrice était inouïe. Entre
autres preuves de celle-ci, il lui arriva d'écrire des
romans-feuilletons où il faisait entrer chaque jour,
au fur et à mesure, l'événement important qui
s'était passé la veille. Quand il travaillait pour la
Revue des Deux Mondes, les lacunes de son talent
ne se faisaient pas trop sentir, car les secrétaires
soumettaient son manuscrit à une révision sévère,
coupaient force branches parasites dans cette forêt
vierge ; et Delpit acceptait de bonne grâce ces cor-
rections judicieuses qui mettaient le roman en
bonne posture devant le public.

La facilité au travail en fait la félicité, sans
doute, mais le temps respecte peu ce que l'on fait
sans lui. Le poète Linières disait en se rengor-
geant : « Mes vers me coûtent peu. » Un Aristarque
répliqua : « Ils vous coûtent ce qu'ils valent. »

Delpit eut un duel avec Alphonse Daudet, à
propos d'un article jugé trop vif par celui-ci. Une

dame russe vient trouver Mme Daudet, et feignant de s'apitoyer :

« Quelle émotion pour vous ! Et surtout de penser qu'il se battait pour une femme ! »

Cette rosserie à la quatrième puissance a été contée par Mme Daudet elle-même à une de mes meilleures amies.

Dans plusieurs salons on le traitait en enfant gâté, et on lui rendit un bien mauvais service, car à force de lui passer toutes ses lubies, il se croyait tout permis.

Chez Mme Buloz, il arrive à l'heure du déjeuner, déclare qu'il ne mangera que deux œufs sur le plat, et les fait recommencer trois fois avant de les trouver cuits à son gré.

Quelques intimes furent conviés par Mme Buloz à entendre la lecture d'un drame en vers de Delpit. Nous étions quinze ou seize. Delpit lisait bien, nous l'écoutions avec plaisir, mais il ne suffisait pas d'écouter, il fallait se montrer participant, frissonner, frémir, se pâmer. Il y eut deux entr'actes pour permettre aux auditeurs de présenter leurs observations et surtout leurs compliments. Victor Cherbuliez était là, nous le sentions peu empoigné par la pièce ; pendant un des entr'actes il cherchait à s'éclipser sans tambour ni trompette, s'avançait prudemment vers la porte, mais Delpit, qui le regardait, je suppose, comme un fétiche, s'écria : « Où est Cherbuliez? » d'un ton tellement impératif que l'auteur de *Meta Holdenis*, tout penaud, vint se rasseoir sur son fauteuil, n'en bougea plus, et parut écouter religieusement le reste du chef-d'œuvre. Car il ne fallait pas changer de place : Delpit était superstitieux en diable.

Albert Delpit dînant chez son ami Ollendorff, israélite, fait une sortie violente contre les israélites. S'adressant au président Bédarrides, il conclut :

« Heureusement dans votre compagnie, il n'y en a point, de ces sales Juifs ! »

Et l'autre, avec le plus gracieux sourire :

« Il y a moi, Monsieur. »

C'était d'ailleurs un ironiste de grande marque, ce Bédarrides. A Luchon, il fait la connaissance d'une jeune femme qui ne cesse de draper ses coreligionnaires pendant toute la saison ; à la fin de son séjour, elle apprend par hasard que le président est israélite, va le trouver, lui reproche de l'avoir laissée accumuler les impairs. Et lui de répondre :

« Je voyais que cela vous faisait tant de plaisir de dire du mal des Juifs ; je me suis bien gardé de vous détromper. »

Albert Delpit, pendant quelque temps, eut en aversion les d'Orléans ; il manifestait son antipathie en appliquant l'épithète d'orléaniste, à tout ce qui lui déplaisait :

« C'est une sauce orléaniste, c'est un article orléaniste, c'est un laideron orléaniste. »

Naturellement il trouvait à qui parler, et se faisait ramasser par les gens que ces dédains prudhommesques agaçaient.

Il ne se promenait presque jamais avec nous à

Carqueiranne, pays digne de toutes les apothéoses poétiques, alléguait son travail ; son imagination lui fournissait de bien plus beaux panoramas.

M. Richet père, lui-même, qui était plutôt l'homme du cérémonial, de la correction en tout genre, supportait ses originalités, sans doute pour faire plaisir à ses enfants ; un jour cependant il manifesta quelque mauvaise humeur. A deux heures du matin, arrive un exprès qui carillonne aux portes du château ; le bruit réveille tous les habitants, qui se lèvent, croyant qu'il s'agit de quelque grave nouvelle. C'était tout simplement un télégramme de Delpit, portant ces mots :

« Vos fleurs sentent bon. Remerciements et hommages. »

Au déjeuner du matin, le professeur Richet ne put s'empêcher de remarquer que les toquades de Delpit devraient au moins ne pas sévir pendant la nuit.

Le même Richet et Charles Buloz haussaient doucement les épaules, quand il disait du ton le plus convaincu à ce dernier :

« Demain mardi, je ne verrai personne : il faut que je sois brillant à ton dîner. »

Et aussi quand il déclarait donjuanesquement :

« Elle est très bien cette femme ; quand elle voudra, elle m'aura. »

Tous les ans, il passait un mois chez son ami l'éditeur de musique Durand, propriétaire d'une villa au Tréport ; ce même éditeur, Parisien renforcé, trouva que Delpit avait dépassé les limites

de la vraisemblance élémentaire en faisant courir
un de ses héros après son héroïne jusqu'à Dijon :

« Si encore il avait dit : jusqu'à l'Odéon! opi-
nait Durand, on aurait compris l'extravagance de
l'amoureux ! »

Delpit était devenu chloralomane, il buvait
chaque jour une potion au chloral (un peu plus
d'un grand verre) qui lui procurait une demi-
ivresse ; et, pour se justifier, il affirmait que le
chloralisme activait sa production littéraire. Les
médecins avaient beau lui recommander de s'abste-
nir, le récidiviste recourait à toutes sortes de ruses
pour satisfaire sa passion. Par exemple, en arrivant chez Mme Durand, il lui remettait sa bourse
en ajoutant :

« Chère amie, vous ne direz pas cette fois que
je vais m'intoxiquer chez vous ; je vous donne
tout ce que je possède, vous me rendrez mon
argent quand je partirai. »

Seulement il avait eu soin d'envoyer soixante
francs, avant de quitter Paris, à un pharmacien
du Tréport qui devait chaque jour lui remettre
sa fiole en grand secret ; il m'a montré une fois
le susdit objet.

Un jour — avait-il dépassé la dose quotidienne?
— le buveur, dans une crise alcoolique, jeta par la
fenêtre les meubles de sa chambre, ses vêtements,
son linge, et vint danser sur la plage, dans le plus
simple appareil, n'ayant gardé que ses pan-
toufles. Ma tante d'Alcochète, dont la villa était
voisine de celle des Durand, assista à ce beau
spectacle.

Les Buloz ne virent pas sans chagrin cette diminution morale d'un ami qu'ils avaient longtemps choyé, soutenu de leur crédit, qui payait, et au delà, la rançon de défauts en somme nullement *incompatibles*, pour parler comme au xviiie siècle. Je partageais leur souci ; j'essayai de mettre Delpit en garde contre ses entraînements, il me rabroua vertement, me reprocha *mes aigreurs*, et, à partir de ce jour-là, je ne fus plus bon à jeter aux chiens. Charles Buloz n'eut pas plus de succès que moi, et cependant il touchait la corde sensible, en disant au coupable qu'il perdait son talent avec ses chances d'arriver à l'Académie Française, où il aspirait ardemment.

Par un accord tacite, nous en vînmes à éviter de mettre la conversation sur un sujet si pénible ; un jour cependant Mme Buloz me révéla que Delpit était entré dans une maison de santé.

II

Edmond Plauchut fut un des fidèles du salon,
et j'ai sous les yeux un gros paquet de lettres à
Mme Buloz, datées de pays fort divers, car il fit une
fois au moins le tour du monde.

On ne se serait jamais douté qu'il eût accompli
pareille odyssée poussé par d'autres mobiles que
l'esprit d'aventure : ce fut en bonne partie à cause
de ses opinions politiques, car il avait mis beaucoup d'eau dans son vin, parlait de tout avec un
détachement un peu ironique, possédait l'art de
la vie, la gaieté, l'entrain communicatif, et je ne
sais quelle bonne grâce, pas très raffinée d'ailleurs,
qui le rendit apte à se concilier des êtres assez
dissemblables, à aimer les pays où il se trouvait.
Il passait de longs mois chez George Sand, comme
jadis La Fontaine chez Mme de la Sablière, du
Bucq ou l'abbé Barthélemy chez la duchesse de
Choiseul, Ampère chez Mme Cheuvreux. Ses séjours
en Berry lui facilitèrent son étude sur cette province : à la *Revue des Deux Mondes* et ailleurs, il
fut le spécialiste des archipels exotiques, des questions de guerre et de piraterie dans le monde noir
ou le monde jaune. Et d'avoir été républicain
exalté, de s'être comme tel compromis au Coup
d'Etat du Deux-Décembre, d'avoir jugé plus sûr

de mettre la mer entre lui et les triomphateurs
d'avoir fait naufrage et couru de dramatiques
hasards lui ménagèrent en retour une double com-
pensation : d'abord une agréable aisance conquise
à Manille, puis un stock considérable de maté-
riaux, d'histoires romanesques, de piquantes observations qu'il égrenait, pour ses auditeurs et ses
lecteurs, avec une aimable simplicité. Nous l'appe-
lions le naufragé ou l'épave des salons. Il savait
écouter, faire son plaisir de celui des autres ; ainsi
à Epinay, il jouait, plus que médiocrement, avec
nous au croquet, et s'amusait autant de ses mala-
dresses que des beaux coups des autres. Ce qui est
encore digne d'éloge, il louait volontiers ses amis,
défendait au besoin les absents, critiquait rarement ses adversaires, ou le faisait avec mesure.

Ce vieux garçon — il vécut quatre-vingt-cinq
ans — resta presque jusqu'au bout assez jupon-
nier ; au fumoir il révélait sans difficulté ses fredaines où le nombre s'épanouissait, à l'entendre,
au détriment de la qualité. Ayant longtemps vécu
en Asie, il avait, un peu plus que de raison, adopté
les théories des Orientaux sur les femmes, et van-
tait le système de Flaubert se payant, en Egypte,
le luxe d'un harem pour raffiner sur la couleur
locale.

« Une maîtresse, disait-il, est comme une chan-
son ; on la chante jusqu'à ce qu'on la sache par
cœur. »

Ce goût prolongé faisait un peu sourire, mais,
au fond, les dames le jugeaient avec indulgence, et
peut-être certains hommes enviaient-ils cette trop

verte vieillesse en se demandant si la leur aurait
encore des printemps, des matins triomphants,
comme dit l'auteur de la *Légende des Siècles*.

Je fis un jour la joie de l'excellent Plauchut en
rappelant l'épitaphe d'un autre vert-galant, Du-
paty, poète badin, vaudevilliste spirituel, qui fut
élu académicien contre Victor Hugo.

> Ci-git qui, d'humeur trop légère,
> Passa du boudoir au cercueil
> Il fit beaucoup pour la bergère,
> Et pas assez pour le fauteuil

Et puis, comme on dissertait sur les meilleurs
moyens de faire la cour aux femmes, je risquai
cette maxime :

« Se mettre à genoux devant elles, rien de plus
habile pour témoigner son respect, et au besoin
pour en manquer. »

Plauchut applaudit fort la dernière partie.

Il avait une petite voix flûtée, parfois un peu
criarde qui détonnait en sortant de ce gros gaillard à la large carrure, taillé à coups de serpe, au
teint bronzé, qui semblait un boucanier honoraire
ou un ancien capitaine au long cours.

Il aimait la bonne chère, se piquait d'épicu-
risme en tout genre. Mme Buloz lui ayant dit :
« Nous comptons sur vous dimanche prochain
sans cérémonie », il remercia gaiement : « Je ne
déteste pas un peu de cérémonie. » Il confessa :
« Je suis assez porté sur ma bouche. » « Et sur
celle des petites mousmés », souligna Allouard.

Au fond, ce qu'il préférait, c'étaient des gaillardises comme celles qu'il recueillit pendant une chasse et qu'il nous débitait avec une joie visiblement sensuelle.

Ainsi la semonce d'un garde forestier à ses filles qui *fautaient* :

« Vous n'avez pourtant qu'un petit bois à garder, et moi, j'ai une grande forêt à défendre contre les braconniers. »

« Les cris de la nature :

» Ce que dit la jeune fille : Quand, quand, .quand?

» Ce que dit la femme mariée : Encore, encore, encore!

» Ce que dit la vieille : Plus, plus, plus! »

Ces bêtises-là, et d'autres plus épicées, quand les dames n'y sont pas, font les délices de Plauchut ; avec Allouard, il tient ici le record des énormes paillardises, que Charles Buloz, les Cot, d'autres intimes adorent. Mme Buloz aime les gauloiseries fines, gronde les deux compères, leur recommande de gazer, et n'est pas longtemps obéie.

« Plauchut, dit-elle un jour, vous êtes incorrigible ; vous êtes de ceux qui estiment que les serments d'amour prouvent son inconstance ; vous aurez jusqu'au bout un cœur de moineau.

— Oui, fit-il gaiement, la constance est la chimère de l'amour. »

Il paraît cependant qu'il aima George Sand.

Je me demandai longtemps où il avait pêché sa réponse sur l'amour, et finis par la découvrir dans un recueil de proverbes espagnols.

***

Camille Bellaigue, lauréat du Conservatoire, excellent critique musical, entré à la Revue en 1885, est un de ceux que j'ai le plus aimés, que j'aime le plus dans cette maison. Une fidèle et spirituelle amie, Mme Lavaurs, l'ayant chaudement recommandé, Charles Buloz le fait venir, et sans aucune précaution oratoire, lui propose de faire la critique musicale à la Revue. Camille Bellaigue, à peu près aussi ahuri qu'un sous-lieutenant à qui le général en chef proposerait de commander une division, répond :

« Mais je suis bien jeune (il avait vingt-sept ans) et c'est un bâton de maréchal littéraire que vous m'offrez! Je me demande si je serais à la hauteur d'une telle mission ; permettez-moi de réfléchir un peu, d'en parler à mes parents...

— Non, pas de réflexion ; je veux un oui ou un non avant que vous sortiez d'ici. »

De plus en plus stupéfait, Bellaigue se dit qu'après tout il vaut mieux essayer, qu'un échec n'aurait rien d'humiliant. Il murmure une parole d'acceptation reconnaissante... La Revue et ses lecteurs n'ont eu qu'à se louer de cette prompte décision.

Ecrivain élégant, Bellaigue est aussi un parfait gentleman et un gentilhomme de lettres. Ses *Souvenirs de Musique et de Musiciens* ont eu un grand et légitime succès. C'est un de ces livres qu'on relira dans trente ans avec autant de plaisir qu'aujourd'hui. Que de charmantes pages sur Saint-

Saëns qui, à dix-huit ans, « manquait d'inexpé-
rience », sur Gounod qui ne pouvait entendre du
Mozart « sans se sentir l'esprit à genoux », qui
rabrouait si plaisamment un directeur de théâtre :
« Vous lâchez vos artistes à travers ma partition,
comme des veaux à travers un potager », qui résu-
mait d'un mot son *credo* : « Nous n'emporterons
là-haut que ce que nous aurons donné de nous-
mêmes ici-bas! » Voici Rossini avec son jugement
sur Verdi : « C'est oune mousique avec oun
casque » ; Arrigo Boito, la Falcon, Mmes Viardot,
Carvalho, Krauss, Nillson, puis Ambroise Thomas,
Claude Debussy, Salvayre, Charles Bordes, les
Reszké, bien d'autres défilent dans ce livre charmant.

Je veux, avant de le quitter, rapporter cette
réflexion de l'auteur, elle va loin :

« C'est le grand écueil des chanteurs : ils n'ont
pas reçu d'éducation esthétique ; la puissance de
la sérénité leur est inconnue. Je répétais souvent à
Mme Krauss : « Ce que j'aime en vous par dessus
tout, c'est que vous êtes tranquille. » J'y ajou-
tais les paroles d'Eschyle : « Une âme sereine
comme le calme des mers. »

Très courtois, Bellaigue n'hésite pas à dire leur
fait aux compositeurs qu'il juge sans talent. Catholique convaincu, il a rompu des lances, par la
plume et par la parole, en l'honneur du pape
Pie X, qui l'a pris comme collaborateur pour la
réforme du chant grégorien, et lui témoignait la
plus paternelle bienveillance.

Rien de plus poétiquement délicat que l'histoire

de son mariage avec Melle Hoskier. Les parents de celle-ci refusèrent leur consentement pendant plusieurs années, et ils présentaient sans cesse à la jeune fille de nouveaux candidats, qu'elle écartait poliment ; elle avait tout pour elle, l'esprit, la beauté de l'âme, la beauté physique, la fortune, et naturellement les prétendants affluaient.

Un matin, je déjeunais chez les Buloz; Camille Bellaigue fait demander si l'on peut le recevoir.

« Je crois bien », acquiesce Mme Buloz.

Il entre, radieux, et dit :

«Mes chers amis, je vous annonce mes fiançailles avec Melle Hoskier.

— Bravo !

— Ce matin, son père l'a appelée dans son cabinet : « Es-tu toujours décidée à n'épouser que Camille? — Toujours mon père. — Eh bien, nous te le donnons!» Aussitôt on m'envoie un télégramme, j'accours, et nous avons tous pleuré de joie, les parents, Melle Hoskier et moi. »

Ce fut conté d'une façon si simple et si touchante, qu'à notre tour nous eûmes les larmes aux yeux, et notre émotion remplaça les compliments.

Cinq enfants sont nés de cette union, une des plus heureuses, une des plus nobles que j'aie connues, un des meilleurs arguments qu'on puisse citer en faveur du mariage.

Une des premières paroles de Brunetière à Bellaigue lorsqu'on les présenta l'un à l'autre :

« Je ne comprends rien à la musique, et de plus, je ne l'aime point, ce qui n'empêche pas d'ailleurs que je crois parfaitement possible — et je le prouverais si je le voulais — de la réduire à deux ou trois idées générales. »

Là-dessus, Bellaigue, qui pétille d'esprit et de talent, observe ironiquement :

« S'il le pouvait, nous sommes plusieurs à nous féliciter qu'il ne l'ait point voulu. Nous passons notre vie, pauvres critiques musicaux, à chercher ces deux ou trois idées, et, le jour où quelqu'un les aurait trouvées, nous n'aurions vraiment plus rien à faire. »

Un autre critique littéraire, tout autre que Brunetière, Jules Lemaître, ne me disait-il point à son tour que, de toutes les folies humaines, la critique lui paraissait, et de beaucoup, la plus folle? — Je lui répondis qu'il fallait tâcher au moins d'en faire une belle folie avec des intervalles lucides.

Je me rappelle aussi l'exclamation dédaigneuse et la tirade de Brunetière le jour où je lui citai cette définition de Stéphane Mallarmé : « La musique est la génératrice de toute vitalité. »

« En vingt ans, me dit Bellaigue dans notre dernier entretien (mai 1921), Brunetière m'a tout juste adressé un compliment. C'était à propos d'une chronique sur Mazzini qui s'est occupé de musique : « Ah! fit Brunetière, votre article sur Mazzini n'est pas mal. »

Les ouvrages de Brunetière sont moins recherchés ; seuls, les professeurs lisent son cours de littérature, et le citent à leurs élèves. La raison en est bien simple : incomparable *debater*, conférencier, professeur hors ligne, il a été un écrivain n'ayant pas le secret des mots puissants qui seuls conduisent un littérateur à la postérité.

Un propos gai de Camille Bellaigue à Mme Buloz, quelques jours avant le mariage d'un de ses neveux :

« Je sais votre toilette ; le 20 vous serez déguisée en tante à héritage. »

Tous les lecteurs de Bellaigue s'étonnent qu'il ne fasse pas partie de l'Institut.

*
* *

Un autre intime des Buloz, Louis Ménard, n'appartient pas au clan des collaborateurs de la Revue. Juge au tribunal de la Seine, greffier en chef de la Cour de Cassation, il avait été, comme chef du parquet de celle-ci, sous les ordres du procureur général Renouard, membre de l'Académie des Sciences morales et politiques, grand-père de Mme Buloz ; une très noble figure de magistrat, Renouard, qui témoigna toujours la plus affectueuse bienveillance à Ménard, le présenta aux Richet en 1873, de telle sorte qu'il était le plus ancien ami de la maison, du côté masculin ; du côté féminin, il y avait les amies de pension de Mme Buloz : Mme Blanche Cavaignac, Mme de Nadaillac, Mme Bréguet. Louis Ménard a écrit ses mémoires, encore inédits ; il a bien voulu m'en confier de curieux fragments et m'autoriser à les reproduire.

... Mme de Nadaillac, belle-fille du marquis de Nadaillac, qui fut préfet des Basses-Pyrénées, n'avait pas eu beaucoup à se louer du mariage ni de l'existence en général ; mais elle se consolait de tout par la maternité; son fils Jean de Nadaillac lui donna toute satisfaction. Je venais la voir assez souvent, car sa santé était délicate, et elle ne faisait guère de visites, même à Mme Buloz

Un jour, nous philosophions sur le suicide qu'elle appela une lâcheté. Comme je déclarai que le courage de la mort n'était pas si méprisable, elle reprit doucement :

« Il y a quelque chose de bien supérieur, c'est le courage de la vie. »

Elle était très pieuse, détestait les tartufes exploiteurs de la religion, estimant que celle-ci vaut surtout par les vertus qu'elle entraîne, complétant ainsi sa pensée :

« Puisqu'il y a de mauvais riches, pourquoi n'y aurait-il pas de mauvais pauvres? Que d'hypocrites dans toutes les classes de la société! Que de Molières il faudrait pour les clouer au pilori ! Et comme ce serait inutile ! »

... Mme Godefroy Cavaignac était une belle personne, de haute valeur morale, un peu froide, plus faite pour persuader que pour charmer. Elle poussait très loin la fierté de l'aristocratie républicaine, qui a succédé à l'orgueil des grands noms illustrés par sept ou huit cents ans de services rendus à l'Etat, sentiment à peu près pareil dans ses causes, son idéal, ses fins, ses déviations. Mme Buloz m'a dit plusieurs fois :

« Blanche Cavaignac ne peut se faire à l'idée que son fils n'entrerait pas à l'Ecole Polytech-

nique : ce serait l'abomination des abominations !
Est-ce que tous les Cavaignac n'ont pas passé par
l'Ecole? Nous avons maintenant des dynasties de
familles républicaines, comme on avait jadis des
dynasties de ducs et pairs. Il ne leur reste plus
qu'à réclamer le tabouret. »

Mme Buloz était devenue très conservatrice. Je lui
rappelai le mot d'un meunier répondant à son
domestique qui veut devenir son gendre :

« Mon ami, la Révolution a été faite pour que
les meuniers puissent épouser les filles des nobles,
et non pour que les garçons meuniers puissent
épouser les filles de leurs patrons. »

Quant à Godefroy Cavaignac, c'était certes le
plus honnête homme du monde; il avait de la
droiture, du talent même, s'imposait à force de
loyauté ; son nom, son caractère étaient une pa-
rure pour le parti républicain, mais il lui manquait
le don de la sympathie, l'art des affinités électives
que posséda si bien Gambetta.

Il ne partageait pas certaines passions de ses
amis politiques, et eut le sort de beaucoup de
modérés. Involontairement, je vois en lui une
sorte de comte de Paris de la République, comme
le comte de Paris fut un Cavaignac de la monarchie.

Nietzsche prétend que les vrais sages sont *inac-
tuels*, haïs de la foule, tout au moins incompris
de la foule qui, loin de boucher ses oreilles,
comme le prudent Ulysse, les ouvre toutes grandes
aux incantations des sirènes de la place publique.
Qui donc a comparé le cœur du peuple à un tam-

bour plein de vide et de bruit? Et comme les
sottises de la foule rappellent le distique de du
Bellay !

> Rien ne me plaît hors ce qui peut déplaire
> Au jugement du rude populaire !

Et que penser des courtisans de la foule ?

... Mme Bréguet, belle-fille de l'opticien Bréguet,
très jolie femme, un peu trop grande seulement,
épousa en secondes noces M. Lion, recteur de
l'Académie de Lille. On la voyait souvent rue de
l'Université avant son nouveau mariage, et je me
souviens d'avoir dîné chez elle avec sa sœur, fort
séduisante personne aussi, qui ne montrait pas
une grande vénération pour l'étiquette, car, pendant un bal, elle n'hésita point à rembarrer le roi
de Grèce qui la complimentait plutôt en roi bal-
kanique qu'en chevalier français, nous dit-elle.
Et son mépris des rites consacrés alla au point
qu'elle refusa de danser avec ce prince.

Les rois décidément s'en vont, et avec eux, pré-
tendent les pessimistes, pas mal d'autres fétiches,
le respect de l'autorité, des femmes, des droits
qui semblaient couverts par une prescription cinquante fois séculaire ; mais, peut-on répondre, de
même que les vieux abus sont remplacés par
d'autres abus, de même d'autres fétiches succèdent
aux anciens fétiches. Le respect du talent, du
génie, de la science, a singulièrement grandi. La
question est de savoir s'il pèse autant que l'antique *pourana*, dans la balance, si la nouvelle
croyance conduira les peuples vers des destinées

heureuses ; j'espère, j'ai confiance, tout en regrettant l'affaiblissement de l'idée divine et du principe d'autorité.

Avant, après l'exil, le duc d'Aumale dînait une fois par an chez Mme Buloz ; les secrétaires perpétuels des Académies dont il faisait partie étaient conviés avec d'autres confrères, et la bienveillance de Mme Buloz me réservait une place ; elle avait au plus haut degré cette délicatesse du cœur qui saisit les occasions de mettre en relief ses amis en charmant leur amour-propre. Elle ne manquait pas d'affirmer en pareil cas que le duc d'Aumale m'honorait d'une sympathie particulière à cause de mon *Histoire de la Monarchie de Juillet*. La raison était en somme spécieuse, capable de justifier cette faveur. Le prince excellait à se concilier tous les suffrages par une causerie captivante, variée — il avait tout vu et bien vu — par le tact avec lequel il mesurait ses gracieusetés à chaque convive, surtout par une parfaite simplicité qui mettait tout le monde à l'aise, et accroissait peut-être encore le respect de la compagnie d'élite réunie pour l'entendre et le fêter.

Il refusait la place d'honneur en face de la maîtresse de la maison, voulant être traité comme un collaborateur de la Revue, et au premier dîner, en accompagnant Mme Buloz à la salle à manger, il lui dit ces paroles :

« Madame, le roi mon père donnait à l'intérieur

le bras droit aux dames, et le bras gauche à l'extérieur : à l'intérieur, il n'est pas besoin de tirer l'épée pour leur défense. »

Dans la bouche d'un fils de France cela sonnait haut et clair.

Ce soir-là, il nous conta une conversation tout à fait saisissante de son père avec Danton après les massacres de Septembre: Danton, ministre de la justice en 1792, déclarant hardiment qu'il était l'auteur de ceux-ci, conseillant au jeune prince de ne plus blâmer la politique jacobine et de regagner au plus vite l'armée de Dumouriez, car *la France aurait peut-être un jour besoin de lui*. Je résume la scène : elle fut rapportée, mimée d'une façon si dramatique que les convives très impressionnés l'écoutèrent dans un silence absolu. Sur un signe de Mme Buloz, les serviteurs demeurèrent immobiles comme des cariatides ; et c'eût été là un excellent sujet pour un peintre de genre.

J'ai eu assez souvent l'honneur de me trouver avec le duc d'Aumale, à Chantilly notamment, où il me montra, un jour après le déjeuner, le fameux livre d'heures de Jean de Berry, un des joyaux du musée. Un peu plus tard, comme j'admirais avec lui un tableau de Meissonier qui représentait un régiment passé en revue par le général en chef, il dit qu'il avait payé cette toile très cher, cent mille francs. Chauchard, le nabab du Louvre, qui était présent, s'écria :

« Ah ! Monseigneur, si j'avais été là, je vous l'aurais disputée !

— Et vous eussiez triomphé », sourit le prince.

Un beau matin, Charles Buloz que j'étais venu voir, me dit :

« Vous savez, je vous emmène demain à Bruxelles ; le duc d'Aumale m'a demandé de venir causer avec lui pour le choix d'un article. Je lui ai parlé de vous, il vous connaît, il connaît vos livres, vous serez *persona grata*. »

Je remerciai ; ce n'était pas, d'ailleurs, la première fois que je venais en Belgique où j'avais déjà donné des conférences.

« Prenez à tout hasard votre habit, continua Charles Buloz ; le duc d'Aumale m'avait offert l'hospitalité complète, mais nous irons tout simplement à l'hôtel, et nous déjeunerons, dînerons deux jours de suite chez le prince. Il veut me donner à choisir entre trois chapitres de son *Histoire des Condé* ; vous écouterez avec soin, et me communiquerez vos impressions. Entre nous, je n'aime pas les lectures ; ma pensée vagabonde pendant que l'auteur pérore ; je ne me rends bien compte que lorsque je lis moi-même le manuscrit. »

Ainsi fut fait. Le surlendemain à midi, nous trouvâmes chez le prince plusieurs Belges de haute naissance, deux Mérode, deux Ligne, un d'Oultremont, un d'Ursel, le duc d'Arenberg, le duc de Chartres. En passant à la salle à manger, le duc d'Aumale dit très affectueusement :

« Mon cher Charles, permettez-moi de fêter la Revue en la personne de votre jeune collaborateur M. du Bled — il y a quarante ans de cela ! — et de le placer à ma droite. »

Il mit donc Buloz à sa gauche, son neveu le duc de Chartres en face de lui. Il ajouta avec beaucoup de grâce que je n'étais pas un inconnu pour ces messieurs, ayant déjà pris la parole à Bruxelles. Les invités belges se montrèrent fort aimables, et je crois qu'ils écoutèrent sans ennui mes anecdotes sur le prince de Ligne, l'ami, l'interlocuteur préféré des rois, des reines, des impératrices au xviiie siècle. Ils les avaient peut-être oubliées, et le duc d'Aumale m'avait demandé de parler, alors que j'aurais été si content d'écouter. En souvenir de cette causerie, ils m'invitèrent à visiter leur cabinets de curiosités ; plusieurs possèdent héréditairement de magnifiques collections.

Quand ils eurent pris congé, la lecture du premier chapitre de l'*Histoire des Condé* commença. Après dîner le duc nous emmena chez la princesse de Ligne qui recevait tous les soirs et qui voulut bien me questionner assez longtemps sur certains salons de Paris. Le lendemain matin, seconde lecture, troisième lecture pendant l'après-midi. Charles Buloz et le duc de Chartres s'étaient installés, un peu en retrait, sur un grand canapé que je vois encore, où ils n'écoutaient guère, fumaient consciencieusement leurs pipes, en échangeant parfois des réflexions qui devaient ne présenter que des affinités assez lointaines avec les Condé et leur historien.

Je suis persuadé même que le duc de Chartres interrogeait à certains moments son voisin sur divers incidents de la vie parisienne ; au premier déjeuner, il avait conté une rencontre d'un voya-

geur mondain au fin fond de l'Asie, la résumant
par cette formule révélatrice :

« Bref, nous avons causé cinq minutes de notre
voyage, et cinq heures du Boulevard. »

J'écoutais donc à peu près seul, de mes quatre
oreilles. Le duc d'Aumale lisait d'une voix un peu
monotone, sans éclat, sans coloris. Il avait, je le
sentais fort bien, une prédilection marquée pour le
chapitre traitant des amoureuses et aimées du
Grand Condé; et c'était de beaucoup le moins bon
des trois. Je ne voulais pas lui déplaire, comme on
pense, et me souvenais de l'homélie de l'archevêque de Grenade dans *Gil Blas* : il me parut de
bonne politique de lui dire que les amours du
Grand Condé charmeraient les femmes, que les
deux autres chapitres seraient très goûtés par les
hommes. Charles Buloz, soufflé par moi, fit son
choix qui ne tomba pas sur les pages consacrées
aux amoureuses.

Le prince nous remercia, dit qu'il réfléchirait,
et quinze jours après, il envoyait à Charles Buloz
son chapitre favori, qui ne fut pas le favori du
public. Et nous philosophâmes, entre nous sur
l'inutilité des conseils ; mais je rapportais de Bruxelles un bon et beau souvenir.

Si le duc d'Aumale n'eut pas tous les dons du
grand historien, il était par excellence le grand
seigneur affable et séduisant.

Voici deux anecdotes contées *sotto voce*, pendant un déjeuner à Chantilly, par un des fidèles
de la maison.

Dans un bal aux Tuileries, le duc d'Aumale, âgé

de sept ou huit ans, dansait avec une petite fille qui, tout en pirouettant, l'interrogea :

« On m'a dit de t'appeler Monseigneur ; est-ce que tu es évêque?

— Ah! ça, je ne sais pas, répliqua le duc d'Aumale, après avoir réfléchi ; *je suis tant de choses!* »

Le duc d'Aumale étant au théâtre aperçoit Léonide Leblanc qui n'est pas seule dans une baignoire, et cherche à n'être pas reconnue de lui. « Elle se cache ! » sourit-il — haussant à peine les épaules — comme si les escapades de cette infidèle pouvaient étonner, vexer un homme tel que lui !

Il y a là un ressouvenir de la philosophie souriante de certains grands seigneurs d'autrefois au sujet des passades de leurs maîtresses ou femmes légitimes, philosophie joliment interprétée par Vigny dans : *Quitte pour la peur!*

Le général marquis de Galliffet, pendant sept ou huit ans, fut le principal amuseur, ou si le mot n'est pas assez protocolaire, le boute-en-train, l'humoriste paradoxal, du salon Buloz. Moqueur universel, et mordant, n'épargnant pas plus lui-même que les autres, proclamant quelques-unes de ses mésaventures avec autant d'empressement que chacun met de soin à les dissimuler, il avait déjà sous l'Empire, conquis la réputation d'un fieffé original qui ne recule devant rien pour satisfaire ses goûts et surtout sa démangeaison épigrammatique. Très brave, romanesque jusque dans sa bravoure, il donnait la sensation d'un de ces gentilshommes qui, au moyen âge, guerroyaient pour conquérir, à travers mille dangers, quelque principauté dans l'Empire grec ou en Terre Sainte. Il y avait aussi en lui un don Quichotte, mais un don Quichotte qui romprait des lances contre les moulins à vent en sachant qu'ils sont des moulins à vent. Et encore un pourfendeur ironique d'abus, de ridicules, une espèce de Rochefort verbal, insensible aux attaques, calomnies ou médisances, pourvu qu'il pût lancer aux partis, aux hommes, aux principes, ses flèches barbelées!

Je cherche en vain son équivalent parmi les gentilshommes de notre vieille société française : Bussy-Rabutin, Lauraguais, le duc de Richelieu, sont ceux peut-être qui se rapprocheraient le plus de cet excentrique, plus cynique en paroles qu'en actions, fanfaron de vices pour lui-même et pour les autres.

Quand il n'avait pas dîné chez Mme Buloz, il arrivait vers dix heures trois quarts, s'asseyait sur le canapé du grand salon, nous faisions cercle autour de lui, et c'était un défilé réjouissant de boutades, sans ordre, au hasard de l'inspiration, du souvenir.

Un jour d'hiver et de grande neige, chez Mme Buloz, il parie qu'il fera le tour de son jardin pieds nus ; les dames présentes souriant et prenant des airs de doute, il se déchausse rapidement, fait le tour du jardin, recommence ; la compagnie applaudit. Une dame à qui l'on raconte ce trait, remarque ingénûment : « Fallait-il qu'il fût sûr de ses pieds ! »

Il écrivait, à la Chambre, pendant que les injures faisaient rage contre lui. Un de ses amis l'interrogeant du regard, il explique :

« Je prends leurs noms pour les inviter à ma soirée du 11 juillet. »

Waldeck-Rousseau jugé par Galliffet :

« Comme aquarelliste, il peut gagner cent mille francs par an ; comme avocat deux cent mille ; comme chasseur, il dirigeait très bien les battues Dreyfus-Guano ; comme politique, il est quelconque. »

Il définissait ainsi Boulanger :

« C'était le capitaine Ramollot qui embrasse la caissière dans un café de ville de province. »

Galliffet donne un bal en province, à Orléans, je crois, reçoit le duc de Chartres, s'ennuie à le promener à travers les salons, et, pour s'en débarrasser, le plaque au directeur du buffet, que le prince prend pour un gros industriel : et il lui adressait cent questions à côté.

Reproches de Galliffet au ministre de la guerre :

« Pourquoi me préférer ce général ? J'étais grand officier avant lui, divisionnaire avant lui, trompé avant lui ! »

Un de ses vieux camarades le chapitrait :

« Tu ne peux pourtant pas ignorer que tu es là avec un tas de fripouilles !

— Je le sais bien, je les ai déjà fusillés.

— Eh bien, si tu recommençais ?

— Je suis trop vieux. »

Un autre jour :

« Avant-hier, ma voiture m'attendait à la porte du ministère. Je m'aperçois que le cocher n'a pas de cocarde à son chapeau. Je le lui ai fait remarquer. Devinez sa réponse : «Mon général, c'est que, quand je mets ma cocarde, il y a des passants qui m'engueulent. »

A propos de ses collègues du ministère :

« Je les embête... Après le conseil, quand je suis parti, ils restent ensemble pour comploter. Ils voudraient se débarrasser de moi, mais moi, on ne me débarque pas. Je les ai prévenus que je ne m'en irais qu'avec eux. »

«Comment, lui demandait un ami, travailles-tu d'accord avec Millerand?

— C'est bien simple, pendant que je prépare la guerre contre l'étranger, Millerand prépare la guerre civile. Tu vois bien que nous ne pouvons nous gêner l'un l'autre. »

Il avait connu Dieu et le diable. Jadis au Bois de Boulogne, il rencontre Monseigneur Bauër à cheval ; un étrange ecclésiastique, comme on sait, qui lui fait le salut militaire ; Galliffet riposte en lui envoyant sa bénédiction.

Un journaliste facétieux prétendit qu'il avait répondu à quelqu'un qui lui demandait pourquoi il avait plaqué sa femme : «Elle n'a plus le sou. » Le mot était vieux, je le fis remarquer, et je dis un jour à cet extraordinaire général :

« Comme vous tenez le record de la franchise paroxyste, on vous en prête de toutes les couleurs ; les faiseurs de mots prêtaient de même à Talleyrand les traits qu'ils voulaient accréditer, se réservant de les revendiquer plus tard, quand ils auraient fait leur chemin. »

La comparaison ne lui déplut pas.

Nommé à Tours, après la guerre, il fut reçu par la municipalité avec le cérémonial prescrit par le décret de Messidor. Le Maire lui ayant ensuite demandé à la bonne franquette :

« Aurons-nous bientôt l'honneur de voir Madame la marquise de Galliffet? »

Il répond d'un ton pénétré :

« Monsieur le Maire, j'ai eu le malheur de la perdre depuis cinq ans. »

Ils étaient, en effet, séparés depuis cinq ans.

Elle lui proposa deux fois de se réconcilier. La première fois, il répondit :

« Marquise, vous êtes encore trop belle! »

Le seconde fois, il dit au négociateur :

« Non, non ; je ne la reverrai que quand le diable la prendra pour l'enfer. »

A quelque temps de là, il la rencontre, lui baise la main, et elle de l'interroger ironiquement :

« Sent-elle le cadavre? »

Galliffet disait, à propos d'une femme *très automnale* qui s'offrait le luxe d'un nouvel amant :

« Il a commis une violation de sépulture. »

La marquise! elle avait son motif particulier d'aimer de temps en temps la vie des champs :

« Elle repose ma raie », expliquait-elle aux contemplateurs de la nature.

Une cocodette impériale s'étonne que Galliffet ne lui ait jamais fait la cour.

« Comment? Chère amie, vous oubliez donc certain rendez-vous où nous nous sommes donné des preuves décisives de notre mutuelle inclination?

— Ah! oui, c'est vrai! »

Et, Mesdames, ce n'était pas vrai!

« Vous avez tous entendu parler de mon ventre d'argent, destiné à remplacer une partie du ventre naturel emporté par un biscaïen au Mexique. Entre nous cela se borne à une petite plaque un peu plus large qu'une pièce de cent sous. Si vous saviez ce qu'elle a aguiché de curieuses, ma plaque, ce qu'elle m'aurait valu de succès féminins, si j'avais été en humeur de tirer parti de cet ornement!

— Oui, observai-je, vous étiez un peu dans la situation du chevalier d'Eon que plusieurs dames groupées par le démon de la curiosité, tentèrent un jour de déshabiller pour s'assurer de son sexe. Seulement, ici, il se serait agi de savoir si oui ou non vous possédiez un ventre d'argent.

— Oui, reprit le général, mais mes contemporaines n'ont pas eu l'esprit de former une ligue pour résoudre ce problème d'ordre capital. »

Il admirait fort Edouard VII, « le seul homme d'Etat de l'Europe, du monde entier », disait-il ; il faisait partie de l'intimité parisienne du prince de Galles avant son avènement.

Malgré son affection pour ce prince, il n'hésitait pas à lui dire son fait. Le roi se plaignant des prétentions de Guillaume II à l'hégémonie européenne :

« Votre Majesté, repart Galliffet, préférerait sans doute que ce fût elle. »

Et un instant après :

« J'imagine que les snobs de Londres aimeraient à envoyer leur linge dans la Moselle trempée de quelques gouttes de sang français. »

Il rappelait sans vergogne que le prince de Galles, au temps de sa liaison avec Cora Pearl, lui écrivait avec une désinvolture de fieffé libertin :

« Plains-moi, ma femme est maigre. »

Et aussi ce bout de dialogue entre le prince d'Orange, surnommé le prince Citron, et le prince de Galles qui villégiaturait à Paris avec le titre de comte de Chester :

« Eh bien, mon vieux citron, comment vas-tu?

— Eh bien, mon vieux fromage, cela ne va pas trop mal. »

Galliffet, pendant l'Affaire, apprend que plusieurs membres antidreyfusistes de son cercle ont présenté une motion contre les israélites. Il se fait apporter le registre d'observations du cercle, et écrit :

« J'espère que ceux qui ont du sang juif dans les veines, qui ont mangé leurs truffes, tué leurs faisans, ne voteront pas contre eux.

LE PAUVRE GALLIFFET. »

Il croise, un jour, Paul Déroulède qui était en train de causer avec M. Ferrette, député de la Meuse.

Le général de Galliffet s'avance et lui tend la main.

« Non, pas aujourd'hui, répond Déroulède.

— Aujourd'hui ou jamais, riposte le général.

— Alors jamais ! »

Le général de Galliffet avait conquis le droit de tout dire, sinon de tout faire ; c'était déjà l'enfant terrible de la cour de Napoléon III, et, sous la République, il continua de faire la nique au décorum. Cette page des *Souvenirs* de Mme Baroche atteste une fois de plus l'exubérance du personnage.

Février 1864.

Le Carnaval a fourni trois bals officiels : aux Affaires étrangères, chez les duchesses de Bassano et de Morny. Leurs Majestés y assistaient masquées. Comme toujours, les jours, les nuits, les amours, les mers envahissaient les salons : tout un déluge de flots de tulle illusion. Il m'est revenu plusieurs propos ; en voici un qui se produit sous les auspices d'un calembour.

L'honorable sénateur, M. Larubit, désirait vivement être intrigué. Avisant un joli masque. « Ne me diras-tu rien d'aimable? » Deux vers de Mahomet furent la réponse :

Chaque peuple à son tour a régné sur la terre :
Le temps de l'*Arabie* est à la fin venu !

On cite un mot de M. Dupin. Il pénétrait dans un salon lorsque, apercevant une dame excessivement décolletée, il ouvrit de grands yeux, parut

*étonné, ébahi. « Qu'avez-vous à me regarder? je
suis Amphitrite. — A la marée basse, » répondit
M. Dupin...*

*M. de Galliffet a assisté aux trois bals, chaque
fois avec un costume différent, en polichinelle, en
coq ; ainsi accoutré, il débitait les propos les plus
risqués. Au bal de M. de Morny, il était en garçon
apothicaire sous les armes! L'ambassadeur de
Prusse passe et lui dit : « Oh! quelle est cette arme
dont vous nous menacez tous? — Monsieur, c'est
un canon prussien. »*

*Quel que fût son aplomb de grand seigneur spi-
rituel et cynique, M. de Galliffet baissait parfois
pavillon devant ses anciens. M. Cornélis de Witt
fils, invité, lui simple sergent-major, à dîner chez
le général Ducrot, est presenté au général Changarnier, dit Bergamotte, et au général de Galliffet ;
voilà qu'au milieu d'un conversation sur l'armée,
celui-ci lance cette boutade de mauvais goût ;
« L'armée, elle en a assez : elle ne sait pas pour*
*» qui elle travaille. Passe encore pour l'Empereur,
» mais je ne me fatiguerai pas pour les d'Orléans,
» les fils de l'homme au parapluie. » Là-dessus,
Changarnier se lève, et toisant Galliffet : « Géné-
» ral, dit-il, vous êtes trop novice pour pouvoir
» juger un Roi que je me flatte d'avoir aimé, et
» des princes à côté desquels j'ai eu l'honneur de
» combattre, et qui sont l'honneur de la France.
» Je suis votre ancien et votre supérieur : je vous
» ordonne de vous taire! taisez-vous! » Galliffet ne
souffle mot, le dîner, comme bien on pense,*

s'acheva non sans un sentiment de gêne éprouvé par les convives, et en serrant la main à M. Cornélis de Witt, le général Ducrot lui recommanda de ne pas raconter l'incident au Camp d'Avor.

III

30 mai 1897

Dîné chez Mme Singer avec ses enfants, les Ratisbonne. Les Emile Ollivier sont venus le soir et je les ai ramenés rue Desbordes-Valmore. Nous avons longuement causé de Brunetière. Ollivier n'est pas content, parce que celui-ci n'a pas voulu publier un article contenant six pages d'apologie du Deux-Décembre.

« Sans moi, explique-t-il, Brunetière ne serait pas entré à l'Académie Française. »

En vérité, il l'a fortement secondé. Aussi est-il très refroidi, et nous dit-il de lui :

— Il est venu me voir à la Moutte l'automne dernier, nous avons constaté avec surprise combien peu il savait en théologie et philosophie. Par exemple, il a une admirable érudition littéraire ; avec cela une grande mémoire, le sens des idées générales.

— Et l'éloquence, ai-je souligné.

— Oui, mais il ne sait pas du tout la théologie ; l'évêque de Fréjus et son grand vicaire en ont été frappés. Aussi ne croyez pas qu'on le nommera aisément sénateur ou député, comme il le désire pour l'instant : les catholiques ne disposent que d'un département, et les places sont occupées. Voyez le duc de Broglie ; personne ne lui a offert un siège. Voyez Etienne Lamy, qui est le représentant de la politique de Léon XIII en France ; personne non plus ne s'est sacrifié pour lui. Et puis à la Chambre, Brunetière ne réussirait pas : il est trop entier ; les républicains, les savants lui en veulent de son article sur la *faillite de la Science* ; bien des catholiques le jugent compromettant, cet article. Un libre-penseur qui fait de la politique cléricale, cela les offusque. »

A mon tour je remarque :

« Un directeur de revue est dans la position d'un chasseur préposé à la garde d'un rond-point d'où partent des allées dans tous les sens ; le gibier peut se présenter venant des quatre points cardinaux ; il faut que le chasseur ait les cent yeux d'Argus pour n'être pas surpris par le poil ou la plume, volant, marchant. courant, pour faire une sélection rapide lorsque plusieurs pièces arrivent au même instant. Le précieux gibier, c'est le talent nouveau qui point à l'horizon, qu'il s'agit de découvrir, de s'attacher, afin qu'il n'aille pas ailleurs, afin que le restaurant soit toujours bien assorti et achalandé, que le consommateur (le lecteur) n'ait pas la tentation de l'infidélité.

— J'approuve fort votre comparaison », dit Mme Ollivier.

*
* *

Lundi 7 juin 1897

Visite à Epinay. Mme Buloz va mieux, mais
demeure toujours languissante, le pouls n'a toujours que 54 au lieu de 70 (elle a failli trouver la
mort dans l'incendie du Bazar de la Charité). Je
lui conte une anecdote.

La chose se passe chez Mary Summer (Mme Fou-
caux, la sœur du grand lettré Augustin Filon).
Mme Dieulafoy — qui s'habille en homme — vient
la voir, et la bonne interroge :

« Qui dois-je annoncer ?

— Madame Dieulafoy.

— Par exemple ! J'arrive de mon pays, mais
vous me croyez par trop bête ! »

Elle ouvre la porte, et de sa plus belle voix :
« *Monsieur* Dieulafoy ! »

Tableau, sourires des autres visiteurs, salama-
lecs de Mary Summer qui s'excuse.

Huit jours après, arrive le mari, qui est très
barbu. La bonne demande le nom :

« Monsieur Dieulafoy !

— Ah non ! par exemple ! on ne m'y prend pas
deux fois ! »

Même jeu, mais, cette fois, elle s'écrie, avec la
conviction d'une revanche :

« Madame Dieulafoy ! »

Le vendredi suivant, nous dînons à Epinay.
Mme Buloz, toujours dolente, nous sert un mot du
petit Alfred Richet, âgé de quatre ans :

« Thalie, — c'est ainsi que les Richet désignent

leur tante — je suis bien content que tu n'aies pas été brûlée, dans l'incendie du Bazar.

— Que tu es gentil, mon chéri!

— ... Parce que, si tu étais morte, il n'y aurait pas eu de cuisinière, et je ne serais pas venu à Epinay. »

Son frère Albert, qui a huit ans, l'a grondé.

Je rapporte l'opinion fort peu gazée, d'Emile Augier sur certains littérateurs macabres et pornographiques :

« Ce sont des cochons tristes. »

30 juin 1897

Dîné à Epinay, avec les Lion, Landouzy, Lefuel, Brochard, les Ménard. M. Lion très distingué et très aimable (il fut plus tard recteur à Lille).

On parle de Leconte de Lisle, de Victor Hugo ; M. Lion cite le mot de Taine sur ce dernier : *un garde national en délire.*

Mme Lion dit ses impressions sur Rome ; M. Lefuel rapporte, pas très exactement, le mot d'un pape recevant des étrangers :

« Combien de temps êtes-vous resté à Rome? — Quinze jours. — Adieu. » Quand on répondait trois mois : « *Au revoir.* »

Emile de Girardin confessait prosaïquement :

« Je n'aime pas Rome, ça sent le mort. »

A mon tour, je raconte un peu Leconte de Lisle

intime, à qui Jean Dornis a consacré une remarquable biographie. Je cite Jules Claretie dont on
consultera *La Vie à Paris*, comme on consulte
la *Correspondance de Grimm*, et même celle-ci
me semble inférieure à celle-là ; cette dernière fait
revivre avec une précision colorée la vie sociale,
artistique, littéraire, de notre époque pendant plus
de trente ans.

Landouzy a été des plus intéressants sur les con-
cours pour les internats des hôpitaux, les questions de dégénérescence, d'atavisme, de responsabilité.

« On n'a jamais, affirme-t-il, que la santé et les
enfants qu'on mérite. » Peu favorable aux couvents qui annihilent la volonté, l'action, créent
une sorte d'égoïsme qui étreint, il conclut :

« S'il y a un paradis, j'y mettrais d'abord les
femmes mariées aux premières loges, aux fau-
teuils d'orchestre, et les moniales n'entreraient
que lorsque celles-ci seraient toutes casées ; des
strapontins, ce serait bien assez pour elles. »

Des couvents, Landouzy a passé au docteur
Gruby : celui-ci a soigné Mme F... quelque temps.
La première fois, il commande qu'on attelle sa
voiture, l'y fait monter pendant une demi-heure,
sans qu'elle quitte la cour de l'hôtel, puis il lui
dit de regagner sa chambre. La seconde fois, elle
prendra un bain, fera acheter une tête de veau,
la placera de telle sorte que la tête ait l'air de la
regarder, et cela pendant trente-cinq minutes. —
Un ingénieur l'appelle : « Vous prendrez un bain.

Puisque l'hôtel vous appartient, faites enlever un pavé dans la cour, et mettez-le dans la baignoire. » Gruby est ponctuellement obéi.

Landouzy a guéri une jeune fille qui ne pouvait plus marcher depuis deux ans. D'accord avec les parents, il met le feu à son lit, elle saute en bas, et depuis elle trotte comme tout le monde ; mais ce traitement a échoué avec une autre.

M. Lefuel rapporte une réponse du roi des Belges au curé d'Ostende qui lui reprochait de se comporter en vert-galant :

« Monsieur le curé, on m'a dit aussi que vous étiez aimé de trois de vos paroissiennes : je ne l'ai pas cru, tandis que vous avez ajouté foi aux cancans qui circulent sur moi. »

Vient ensuite la boutade d'une dame que son voisin essaie d'attendrir en rapprochant son pied du sien sous la table :

« Faites-moi tout de suite votre déclaration : j'aime mieux cela, car vous écrasez mes cors. »

Vendredi 5 juillet 1897

Visite aux Brunetière. Il compte retourner aux États-Unis, et passer six semaines en Italie, cet automne. En le quittant, j'ai demandé bien doucement :

« Ne me faites-vous pas bientôt passer ? »

Il a pris son air méphistophélique :

« Un de ces jours! Nous verrons. Un de ces jours!

— Ne m'ajournez pas à l'année 1900! Voilà déjà vingt mois que j'attends! »

Camille Bellaigue, qui est un saint Jean Bouche d'Or, lui a reproché plusieurs fois cette raideur solennelle avec laquelle il vous accueille dans son cabinet, tandis que chez lui, il dépose le harnais dictatorial, et a parfois des heures de gaieté, voire de bonhomie juvénile.

Le fait est que, rue de l'Université, il vous reçoit parfois comme on s'imagine que Grégoire VII ou Innocent III auraient reçu un moinillon en faute. Nous ne sommes plus au temps où un Anglais loyaliste auquel on venait de couper le poignet par ordre de la reine Elisabeth, lança en l'air son chapeau de l'autre main, et s'écria :

« Vive Sa Gracieuse Majesté quand même! »

6 juillet 1897

Diné à Epinay. On rapporte un trait de Mme Gillou. Elle dînait chez la belle Mme Lion (alors Mme Bréguet), et voyait pour la première fois Brunetière, qu'elle examinait avec beaucoup d'attention. Comme il hasardait quelques plaisanteries, tout d'un coup elle rompt le silence, et, d'un ton indigné, s'écrie :

« On m'avait annoncé que je dînerais avec un homme sérieux, et je m'aperçois *que vous êtes un fumiste.* »

Etonnement général, Brunetière rit, et se penchant vers Mme Buloz, souligne gaiement l'apostrophe :

« C'est pourtant la première fois qu'on me dit que je suis un fumiste. »

On se gausse ensuite de Mme Huet, de son rigorisme, de l'horreur qu'elle professe pour la lecture. Au bal, chez elle, règne une discipline draconienne, les jeunes filles doivent aller au buffet avec leur mère, ne pas danser deux fois avec le même cavalier ; sinon, on est mal noté. Elle veut que son fils entre à l'Ecole Polytechnique, son grand'père, son père, ses deux beaux-frères y étant allés.

« Mais, madame, proteste un ami, puisqu'il n'a pas la vocation !

— Eh bien, s'il est trop bête pour y entrer, nous en ferons un magistrat. »

L'ami était substitut.

Chez Mme Buloz, un lundi, Mme Huet tonne devant Brunetière contre les gens de lettres :

« N'est-ce pas, Monsieur, que les journalistes et les littérateurs n'ont point de talent? N'est-ce pas qu'ils sont inutiles à lire? »

Il paraît cependant qu'elle a quelque esprit naturel, mais elle affiche avec violence les opinions du bonhomme Chrysale.

Tout de même quels arguments lui eût fournis
Jean-Jacques si elle avait connu ses pages paradoxales contre les sciences et les arts!

Mme Buloz, ardente catholique, goûte fort cette
maxime d'un moraliste espagnol :

« L'histoire est d'hier, la poésie de demain, la
science et la religion de toujours ; mais la politique est de ce jour, et d'un seul jour. »

Je lui cite encore une légende d'après laquelle
Dieu charge un ange de terminer la création ;
celui-ci délire, nous donne la maladie, le libre
arbitre.

A propos de certains sceptiques, elle remarque :

« Leur métaphysique n'est que de la poésie mal
écrite.

— Je vois, ai-je repris, que vous êtes d'accord
avec Quintilien quand il appelle la philosophie :
une paresse impertinente. »

... Emile Faguet, surnommé le *Maréchal
d'Encre*, travaille du matin au soir, écrivant vingt
pages par jour, d'une écriture droite, serrée, sans
une rature, sans revoir ses épreuves, prêt sur n'im-
porte quelle question. La dernière fois que je le
vis, il me dit :

« La maison Hachette vient de me donner de
jolies étrennes ; elle me demande quatorze volumes, pour une série spéciale ; je dois les livrer
en deux ans. »

Il fait vite, et il fait bien. C'est un phénomène.

Son petit livre : *L'art de lire*. Un ennemi a dit,
injustement : « Il ferait mieux de lire un livre sur
l'art d'écrire. »

On l'a aussi appelé, cette fois assez exactement : *l'arbitre des inélégances,...* des inélégances de la toilette.

Il habite un petit appartement au cinquième étage, dans un quartier éloigné, 59, rue Monge, dîne rarement en ville et c'est grand dommage, car sa conversation est très captivante. On pourrait dire à propos de lui aussi : « Mon respect grandissait à chaque étage ». Il abuse du travail comme d'autres abusent du jeu, des femmes, de la boisson, et raccourcit sa vie par défaut d'hygiène.

Emile Faguet, bohème génial, accepte deux fois des invitations à dîner chez nous, et se dédit le jour même du dîner, à six heures du soir. Pour une maîtresse de maison, c'est un crime de lèse-majesté.

Faguet entend parler d'une candidature possible de Georges Pallain, gouverneur de la Banque de France, à l'Académie ; il opine gravement :

« Pourquoi pas le directeur du Crédit Lyonnais? Après tout, si M. Pallain n'a écrit que des billets, ils ont une si grande valeur! »

Une autre boutade de Faguet : « Le système parlementaire, c'est la guerre civile régulièrement instituée comme régime normal dans un pays. »

*
* *

Septembre 1897

L'académicien Mézières rapporte une épigramme de Canovas sur son adversaire politique Castelar :

« Grand talent, mais bien encombrant ; si son pays est en république, il faut qu'il soit président ; si on prêche un sermon, il veut être le prédicateur ; s'il y a un mariage, le marié ; s'il y a un enterrement, le mort. »

Chose curieuse, c'est Castelar qui fit avoir à Charles Benoist une audience de la reine ; celle-ci s'étonnait que Castelar évitât toujours sa présence.

Le premier discours de Canovas, après la restauration de la monarchie, commence ainsi :

« Messieurs, je vais continuer l'histoire de l'Espagne. »

La modestie n'a jamais été la première vertu dans la patrie de Gongora. Personne ne s'étonne ou ne s'étonnait d'entendre un caballero déclarer : « J'ai pour père mon bias, et pour race mes hauts faits », ou bien : « Je suis chrétien de vieille race, noble comme le roi, et même un peu plus. »

L'épigramme de Canovas s'applique assez bien à Brunetière. Camille Bellaigue se moquait doucement de cette tendance à faire le chérubin universel, à tout dire, tout faire, tout écrire :

« Il pourrait bien faire la Revue tout seul : l'article philosophique, l'article historique, politique, théâtral, rentrant dans son omniscience ; la critique, cela va sans dire ; le roman, il le déteste, et n'aurait qu'à le supprimer ; resterait la chronique musicale, je lui donnerais quelques conseils techniques, et tout serait pour le mieux. »

Décembre 1897

On appelle maintenant Brunetière : *Ferdinand le Catholique*; avant on disait: *Ferdinand le Terrible*.

Il a fait un joli plaidoyer au Palais dans l'affaire de Dubout, le banquier qui a commis *Frédégonde* et ne veut pas qu'on le critique.

Vingt-quatre ans plus tard, M. René Doumic a parlé éloquemment au Palais en faveur de la liberté de la critique. M. Silvain, de la Comédie Française, a voulu le contraindre à publier son *factum* en réponse à une critique très modérée ; avec ces prétentions d'auteur ou d'interprètes, on en arriverait à supprimer toute appréciation, ou à rendre impossible une revue en l'encombrant de mauvaise prose.

La revision de la loi s'impose.

Mardi 18 janvier 1898

Conférence de Brunetière sur l'Art et la Morale. Beaucoup de talent, théories ascétiques ; d'après

lui, l'art, même le grand art, est un corrupteur.
Il a commencé en disant :

« Je me propose aujourd'hui d'être long, ennuyeux, obscur et banal. »

Il a été long, certes, paradoxal, mais pas ennuyeux ; manque absolu de coloris, de grâce, de
poésie dans l'expression.

Tous ses amis étaient là. Il a doctement parlé
de la difficulté de défendre les lieux communs.

Le paganisme, c'est, dit-il, *l'adoration effrénée
des forces de la nature.* Au fond de toute forme
d'art, il y a un germe latent d'immoralité qui ne
demande qu'à éclore et s'épanouir. Les formes in-
férieures de l'art : ballets, vaudevilles, chansons
de café-concert. Eloge de Taine. La musique : un
art qui a une science pour base. L'art atteint son
but par l'intermédiaire des sens, il dégénère facilement en artifices destinés à éveiller notre sen-
sualité ; il est un entremetteur. Le dilettantisme,
dans le langage courant, c'est la facilité de tout
comprendre et de tout excuser, d'où affaiblissement du sens moral, qui aboutit parfois à la perte
de la société ; exemple de la Renaissance en Italie.
L'art est fondé sur l'imitation de la nature ; or,
celle-ci n'est pas toujours belle ni bonne, elle est
surtout amorale. Toute morale n'est qu'une réac-
tion contre les instincts de la nature ; la nature
n'est pas toujours vraie. Ereintement de Flaubert,
Goncourt, Dumas. La superstition de la beauté.
L'art n'a pas tous les droits, toutes les libertés
Mot de Montesquieu à sa fille sur les *Lettres Per-
sanes* :

« C'est un ouvrage de ma jeunesse qui n'est pas fait pour la vôtre. »

Théorie de la relativité de Kant. Conclusion : L'art doit être en équilibre constant avec la science, la religion, la tradition.

Notons son épigramme bien injuste sur Dumas père :

« Nous avons tous en nous un concierge qui sommeille, et c'est à lui que s'adressent les romans de Dumas ; il ne fut pas un grand romancier, il ne fut pas même un artiste. »

20 janvier 1898

Dîné chez Brunetière avec Mme Blanc-Bentzon, les Herter, Mme Buloz, les Allouard, le Général et Mme Frey, Mme Bizet, les Margueritte.

Dîner excellent, sauf les vins. Brunetière se répand jovialement, ce qui lui arrive assez souvent chez lui, en banalités paradoxales, qui détonnent dans la bouche d'un apôtre des plus sévères doctrines : il lui manque la fleur, le velouté, l'atticisme de la forme, ce qui perpétue le souvenir d'un Boufflers, d'un Ségur, ou même de simples dilettantes mondains. Cela vient en partie, j'imagine, de ce qu'il suit toujours son idée, très rarement celle de l'interlocuteur, n'écoute guère celui-ci, et a toujours l'air de penser :

« Je sais d'avance ce que vous allez dire, je

pourrais le dire d'une manière plus probante que vous ne pouvez le faire. »

Aussi bien, tant il est combatif et dominateur, je l'ai vu cent fois, quand il a réduit au silence son adversaire, ou qu'il ne rencontre pas de contradicteur, reprendre un à un les arguments par où il venait d'établir sa thèse, et échafauder soudain une autre thèse toute contraire : n'ayant plus personne à terrasser, il se combat lui-même, à la manière des sophistes grecs, romains, ou de ce chancelier de France qui, après avoir défendu avec éloquence une mesure politique dans le conseil du roi, prononça aussitôt après un discours où il mit en pièces sa précédente argumentation. Aujourd'hui il a réédité un de ses thèmes favoris :

« Je ne vois pas pourquoi je mourrais, et cette raison que beaucoup d'hommes sont morts avant moi ne me semble nullement péremptoire. »

Il a péroré aussi sur les bases de la morale qui ne sont pour lui que des *instincts héréditaires*. Tout cela à gros grains. Je me suis permis de faire remarquer que dans une précédente conférence il avait trouvé d'autres bases à la morale.

« Oh! a-t-il repris, nous causons ici, comme disaient les Latins, *sub rosa*, sous la rose ; et la fantaisie est permise entre intimes, tandis qu'en public... Et puis, je voulais provoquer quelque objection pour faire jaillir des étincelles et animer le débat autour de la morale. »

En effet, l'objection inattendue est bien souvent l'allumette qui fait flamber cet éternel combustible, la pensée.

Ce soir-là, je m'amusai à rappeler quelques aphorismes de Brunetière, celui-ci entre autres :

« Nous ne vivons pas seulement de pain et d'algèbre, mais de toute parole qui vient du cœur de nos semblables, et qui pénètre jusqu'au nôtre. »

Le général Frey me dit en riant :

« Vous êtes joliment calé sur les écrits de Brunetière ; il ne fait pas bon se contredire devant vous. »

Je repris avec un salut au maître de la maison :

« On connaît ses classiques. »

*
* *

Mars 1898

Dîné chez Brunetière avec Jules Lemaître, les Bonnières, les Daniel Ollivier, Joseph Bédier, les Courbot, Mgr Mathieu, archevêque de Toulouse, prélat d'aspect commun, mais fort lettré.

On a beaucoup parlé de dogme, et selon son habitude, Robert de Bonnières a commis plusieurs impairs ; du problème de l'enseignement classique contre lequel Jules Lemaître fait campagne dans *le Figaro*.

Je me suis laissé dire que Brunetière a un faible pour Mme de Bonnières, une Célimène, qui lui tient la dragée haute, ainsi qu'à ses autres mourants, Anatole France, Leconte de Lisle, Melchior de Vogüé, et les emploie tous à ses fins, sans leur accorder autre chose que des sourires et de vagues espérances ; jolie femme, grande, assez maigre, plus intelligente que spirituelle, beaucoup d'aplomb, la maîtrise de l'œillade, l'habitude d'être traitée en enfant gâtée.

Je me rappelle un dîner, huit ans auparavant, où du commencement à la fin, elle affecta de tourner le dos à Charles Buloz, mieux encore d'appuyer sa tête sur le coude et de causer avec son autre voisin : elle ne mangeait pas. Nous la regardions, ahuris d'une telle inconvenance, croyant que les maîtres de maison allaient la rappeler à l'ordre : il n'en fut rien. Pourquoi? Je l'ignore encore. Après le dîner, on glosa ferme sur l'incident ; comme Bonnières, avec une franchise déconcertante, avait parlé, longtemps avant, d'espérances de paternité, et comme la belle dame n'accusait aucun symptôme précurseur, je contai à Mme George Duruy l'historiette d'une marquise du xviiie siècle, affligée d'une grossesse nerveuse ; après quinze mois de cet état fallacieux, le marquis de Louvois l'aborde pendant une soirée, et lui suggère cet avis charitablement ironique :

« Madame la Marquise, je veux vous donner un conseil : vous devriez avaler un précepteur pour Monsieur votre fils, car la barbe doit commencer à lui pousser. »

Cette bêtise enchanta Mme Duruy qui m'envoya successivement d'autres dames du dîner, pour entendre les paroles de Louvois, et se gausser de Mme de Bonnières qu'elles n'aimaient pas.

Or, non seulement Mme Buloz pardonna cette

extravagance, mais elle finit par s'engouer de la coupable ; la santé de celle-ci déclina, le joli visage s'altéra profondément ; Mme de Bonnières cessa de muguetter avec les soupirants, et se tourna vers Dieu. C'était le meilleur moyen de toucher notre amie ; d'autant meilleur que cette piété était sincère.

Mme de Bonnières disparut jeune encore, ainsi que son mari, qui mourut dans une maison de santé. Ils avaient rêvé de conquérir Paris, et purent un instant espérer qu'ils obtiendraient cette royauté, toujours bien éphémère : il fallut s'arrêter au premier tournant de la route.

Le cardinal Mathieu avait ses admirateurs, ses critiques modérés et immodérés. On parla un instant de l'envoyer comme légat à Vienne ; Landouzy dit en plaisantant :

« Ce sera un cardinal de Bohême. »

Il ajouta :

« L'Eglise, elle aussi, a ses arrivistes. Toutes les Eglises, et celles du néant cent fois plus que celles de la foi, ont leurs arrivistes. »

Cette ironie me rappelle une conversation avec ce charmantissime et infiniment distingué René Vallery-Radot, et son mot légèrement ironique :

« Les catholiques arrivistes veulent tout au ciel et sur la terre, ou plutôt ils veulent toute la terre en attendant qu'ils obtiennent tout le ciel. »

Vallery-Radot fut secrétaire de François Buloz et de Freycinet. Encore un qui a passé à côté de l'Académie Française et la méritait amplement ! Il en veut un peu, et c'est bien naturel, à un académicien, son ami particulier sur lequel il croyait pouvoir compter, qui lui a fait faux bond, et qu'il appelle justement : « Le bourru malfaisant ». Il a eu onze voix.

La dernière fois que je l'ai rencontré, en octobre 1923, près de l'Institut Pasteur, il m'a parlé de deux autres candidats malheureux : d'abord, Imbert de Saint-Amand, qui se lamentait naïvement de ses insuccès. Il avait publié trente volumes ! Et puis Chantelauze, Chantelauze que nous avions surnommé: le Cardinal de Retz, à cause de son culte pour ce singulier prince de l'Eglise, et qui remarquait mélancoliquement :

« J'écoute le bruit que ne fait pas mon livre. »

Le cardinal Mathieu, cardinal de curie à Rome, fut remplacé à l'Académie par Mgr Duchesne, qui prononça un trop spirituel discours de réception (1911). J'assistais à la séance ; on s'amusa beaucoup, on s'étonna souvent en écoutant Mgr Duchesne ; on éprouva les plaisirs les plus délicats pendant le discours d'Etienne Lamy dont l'esprit très fin n'oublie jamais le goût et le tact. Quelle leçon de mesure dans ce simple couplet :

« Si le cardinal Mathieu vous a désigné comme successeur, c'est une preuve qu'il aimait la discrétion dans la louange. Vous êtes de ces bons peintres qui mettent de la conscience à ne rien embellir, et vous ne dessinez pas plus grand que nature... Vous êtes sûr qu'on n'offense pas Dieu en racontant les faits tels qu'il les a permis. »

Etienne Lamy, à propos des allures un peu familières et médiocrement raffinées du cardinal, remarquait doucement :

« La poussière plébéienne que le cardinal apportait parfois chez les grands, ne l'avait-il pas prise chez les petits? »

Et cette phrase qui pénètre si avant les mystères de la charité profonde :

« Avec les pauvres de joie, les pauvres de courage, les pauvres de vérité, comme avec les pauvres d'argent, combien de rendez-vous eut-il que personne n'a surpris! »

Après la séance, Mme Buloz ne se gênait pas pour juger sévèrement le discours de Mgr Duchesne qui lui fit l'effet d'un article du *Charivari*. Elle lui en veut aussi d'avoir dit ou de n'avoir pas désavoué le mot sur le pape Pie X « qui conduit avec une gaffe la barque de saint Pierre. »

« Je n'aimais pas beaucoup le cardinal Mathieu, souligne-t-elle, mais à quoi bon livrer nos amis à la moquerie? Nos ennemis s'en chargent bien assez. »

Je n'étais pas allé depuis sept ou huit ans à l'Académie, et me souvins du mot d'Alfred de Musset à Rachel :

« Voyez donc! Nous ressemblons tous à des brochets cuits au bleu, entourés de cresson. »

Et en nous retirant, quelques anecdotes sur le cardinal Mathieu. On m'avait conté qu'il mena sa campagne académique avec une fougue spirituelle, avec un entrain plein de bonhomie adroite. Obstacles, objections, promesses à d'autres, n'existaient pas pour ce grand combatif, qui, pour un peu, mais avec des intentions plus pacifiques, aurait, comme Richelieu, tout couvert de sa robe rouge. Il rencontra quelque résistance de la part de Henri Houssaye, qui, ayant donné sa parole au marquis de Ségur, refusait de se dégager.

« Enfin, Eminence, si je manquais à ma parole, vous me donneriez donc l'absolution ?

— Certainement, reprit sur le même ton le cardinal. »

Le marquis de Ségur retira sa candidature, et Houssaye put voter pour l'impétueux prélat. Celui-ci vint remercier l'historien qui demanda pourquoi l'élu avait tant désiré le fauteuil. Le cardinal, qui n'avait jamais cru que le bonheur consiste à désirer ce qu'on possède, répondit franchement :

« J'ai toujours cru qu'il fallait ambitionner ce que je n'avais pas. Quand j'ai été curé, j'ai voulu être doyen ; quand j'ai été curé-doyen, j'ai visé l'épiscopat, ensuite j'ai cherché à être archevêque, cardinal, académicien.

— Et maintenant, Eminence, qu'est-ce que vous pouvez désirer ?

— Je voudrais faire le bridge de Mme Houssaye. »

Celle-ci s'empressa d'en organiser un, mais le cardinal tomba malade, et, une fois guéri, dut regagner Rome ; le bridge n'eut pas lieu.

Le cardinal se dédommageait à Rome, en recrutant à son jeu favori de nombreux adeptes. Mgr Duchesne prétendit même que le bridge était le seul moyen pour le cardinal de se taire sur certaines mesures du Vatican ; et lorsque Mgr Mathieu mourut, le même prélat imagina une saynète représentant le cardinal reçu avec égards au Paradis; après les révérences, les rites consacrés, il retrouvait son aplomb, et tout en saluant profondément la Sainte-Trinité, s'exclamait soudain :

« Le Père! Le Fils! Le Saint-Esprit! Nous sommes quatre : si nous faisions un bridge ? »

Mars 1898

Notre dîner. Convives : Mmes Cartier, Buloz, les Brunetière, le prince Roland Bonaparte, la marquise de Lambertye, Anatole France, Stéphen Liégeard.

Brunetière a été brillant et paradoxal ; le prince **Roland**, très en train, a raconté des souvenirs de voyages, et on l'a si bien écouté, qu'il a déclaré à Mme du Bled s'être rarement autant diverti.

France n'a pas donné ce que l'on pouvait espérer ; **Brunetière** prend d'assaut la conversation, **France** attend qu'elle vienne à lui, hasarde des maximes colorées qu'il développe par de nouvelles images poétiques si personne ne l'interrompt, ou si on l'encourage à continuer.

D'ailleurs je me serais bien gardé de mettre aux prises ces deux grands causeurs, d'abord parce qu'ils ne s'aiment guère, ensuite parce qu'ils auraient complètement éteint les autres.

Stéphen Liégeard et le prince Roland ne sont pas non plus des quantités négligeables.

On est resté jusqu'à minuit et quart. Mme Cartier aurait désiré, non un peu moins de Brunetière, mais un peu plus de France. Au fond ils s'observaient, cherchaient le défaut de la cuirasse, et pour ne pas se découvrir, laissant passer l'occasion favorable des passes d'armes qui passionnent l'auditeur.

Mai 1898

Dîner Brunetière. Convives : les Larroumet, les Henri Baignères, Melchior de Vogüé, Gaston Boissier, les Bompard, Yetta de Bury, Mme Buloz. La conversation a porté sur la cuisine de l'Académie, les cours du Collège de France.

Brunetière a publié dans la Revue du 15 mars un article sur le procès Zola, article où il malmène les *intellectuels* et Zola qu'il appelle : « le premier venu ». L'article, qui fait beaucoup de bruit, rend furieux les zolistes et les dreyfusistes.

Brunetière réfute, avec son habituelle vigueur de dialectique, une affirmation lancée ou répétée par un adversaire :

« La critique est la femme de chambre des Muses, et il n'y a que les petits esprits qui courtisent la suivante, ne pouvant plaire à la maîtresse. »

Non sans un secret désir de le voir monter sur ses grands chevaux, je lui demande s'il connaît un mot de Stendhal sur Cousin : « Depuis Bossuet, personne n'a joué de la blague sérieuse comme cet homme-là. »

Il se contente de hausser les épaules. Bossuet accolé à Cousin !

*
* *

Juin 1898

Mme Buloz égrène des souvenirs sur la société ultra-gaie des Ménier, Gillou, Raffard, Godillot, Forain, etc... Exemple : Les Ménier, il y a environ dix ans, commandent un omnibus sur le modèle des omnibus de la compagnie ; le voici à la station de la Madeleine, l'un d'eux monte sur le siège, un autre remplira le rôle de conducteur, cinq ou six compères ont pris place dans la voiture. La première dame qui monte présente ses six sous.

« Non, Madame, on ne paie pas aujourd'hui, on embrasse le conducteur. »

Deuxième, torisième dame ; même cérémonial. On finit par envoyer les mystificateurs à la fourrière. Cinq mille francs dépensés pour s'amuser dix minutes.

Une autre fois, ces outranciers du plaisir imaginent de jouer à cache-cache en chemise, et de souper dans ce costume sommaire.

L'un d'eux, M. Raffard, étant aveugle, pour un bal costumé, on le grime en aveugle du Pont des Arts, qui tend la sébile aux danseurs. Et puis, les bals pimentés par l'irruption de faux cambrioleurs, etc.

Le docteur Landouzy étant monté dans sa chambre pour écrire quelque quarante ou quarante-cinq lettres à des clients lointains, les autres invités se promenant ou jouant au croquet, je reste seul avec Mme Buloz qui me parle de Mme Brunetière.

Pendant un dîner chez elle, le comte d'Haussonville recevant des compliments sur un de ses ouvrages, et s'étant avisé de demander à Mme Brunetière si elle l'avait feuilleté :

«Oh! moi, fait-elle naïvement, je ne m'occupe que de mon ménage et de la santé de mon mari. »

Au fond cette réponse modeste était fort sensée, et la plupart des hommes préfèrent les bonnes ménagères aux enragées sauterelles de salon qui méprisent les beautés du pot-au-feu, la vie de foyer, sont à l'état de conspiration inconsciente contre leur santé morale et physique, contre le bonheur de la famille. Il faut rendre cette justice à Mme Brunetière qu'elle triomphait dans la préparation des consommés, jus de viandes et gigots saignants : ce n'est pas un mince mérite.

La Française idéale cumule : elle est ménagère accomplie ; elle a des clartés de tout, fait honneur à son mari dans un salon, sait écouter les grands causeurs, se tenir au courant de leurs travaux, soigner l'âme et l'esprit aussi bien que la guenille.

IV

15 juillet 1898

Dîné à Epinay avec les Brunetière, Landouzy, les Degouy, la princesse de Mézagne, les Laugier, les Doumic, Melle Taylor. Discussion à table sur les Espagnols, et la haine que nous portent des peuples dont nous nous croyons aimés, sur l'affaire Dreyfus.

Grand débat entre Brunetière et moi sur Voltaire et Saint-Simon que je défends ; il fait, avec sa verve habituelle, le procès du xvııı^e^ siècle, et je finis par lui dire :

« Vous m'avez vaincu, vous ne m'avez pas convaincu.

— Moi non plus, affirme nettement Landouzy, il ne m'a pas convaincu. »

Brunetière prend de plus en plus des allures d'apôtre, et il ne lui suffit pas de terrasser les contradicteurs, il veut les ramener à ses doctrines. Il a fort à faire avec Landouzy, qui est un esprit équilibré, libéral, pourvu d'une solide armature, légèrement ironique, traite avec lui de pair à égal, et le réfute au fur et à mesure.

Brunetière est un représentant puissamment combatif du principe d'autorité, qui n'est guère à la mode, et qui pourrait bien un jour prendre sa revanche, faire cruellement sentir sa nécessité, sinon comme unique régulateur, au moins comme contrepoids.

La *Revue des Deux Mondes* contient un article de Jules Lemaître sur le banquier-dramaturge Dubout, avec la réponse de celui-ci.

Après le dîner, Brunetière nous explique les autodidactes, les gens de talent qui se sont créés eux-mêmes, leurs aberrations d'orgueil, Bernard de Palissy, J.-J. Rousseau, P.-J. Proudhon, Fourier, A. Comte, J.-H. Rosny, etc...

Afin de ne pas rester trop longtemps sur les hautes cimes littéraires, je délivre quelques anecdotes ; le trait d'une grande dame venant dans le cabinet de Lepelletier pour la formalité de la conciliation ; les époux veulent se séparer :

« Enfin, s'écrie le mari, mes enfants ne sont pas de moi !

— Qu'en savez-vous? Moi je n'en sais rien. »

Mme Cot nous fait les honneurs de son aïeul Cherubini. Il écoute un opéra de son élève Halévy, qui vient le trouver, désireux de savoir son opinion, d'obtenir un petit encouragement. Cherubini ne sonne mot, et comme Halévy finit par s'étonner, l'autre condescend à s'expliquer :

« Eh! voilà deux heures que tu me parles, et tu ne me dis rien! »

Ce magnifique égoïste tyrannisa le Conservatoire comme plus tard Cousin fit pour l'Université, et Leverrier pour l'Observatoire. Rien de plus plaisant, de plus pittoresque que ses querelles avec Berlioz.

Ceci advint à une amie de Mme Cot. Les hommages passionnés d'un vieux Céladon l'excédaient souverainement ; on lui conseilla de faire mine d'y être sensible ; au moment où elle simulait l'abandon le plus flatteur, l'amoureux sexagénaire se relève, et d'un ton indigné :

« Je voudrais bien savoir celui qui m'a joué ce vilain tour ! »

Je citai le quatrain de « l'homme sur le retour » :

> Qu'il te faut d'art avec des belles,
> Que tu veux tendres et cruelles.
> Que d'art à vaincre les rigueurs !
> Que d'art à borner les faveurs !

Un autre galantin, mis au pied du mur, s'en tira avec cette prière :

« Madame, s'il vous était égal d'avoir encore un quart d'heure de vertu ? »

* * *

Juillet 1898

Dîner chez Brunetière avec les Benoist, Paul Hervieu, Yetta de Bury, Mme Blanc, Klerkewski, consul général au Canada. La conversation a surtout roulé sur la guerre d'Espagne.

Brunetière, qui tient pour les Etats-Unis, a montré fortement quelles profondes différences nous séparent des Espagnols, différences religieuses, sociales, démocratiques, politiques. Benoist soutient l'Espagne, prétend que Cuba lui coûtait et ne rapportait rien. J'ai invoqué l'exemple des colonies révoltées en 1818 contre l'Espagne, la décadence continuelle de ce peuple depuis deux cents ans.

Ils disent : « Le diable se mêle bien moins de nos affaires que les hommes. » Certes, les Espagnols se mêlent mal des affaires européennes, de leurs propres affaires. Ils essaient, mais sont toujours en retard d'une idée, de plusieurs années. « Point de plus grande seigneurie que celle de soi-même et de ses passions », affirme un de leurs moralistes. Cette seigneurie-là, ils ne l'ont pas.

Brunetière a aussi rappelé que les Espagnols fêtent des anniversaires de victoires contre nous ; leur tempérament religieux et superstitieux les éloigne de la France.

Tout cela entremêlé de considérations assez typiques sur les chimères pacifistes. Je cite cette réflexion de Strauss :

« La guerre finira, quand les enfants naîtront d'une conversation intellectuelle, quand c'en sera fait des passions, de la brutalité humaine. »

On a encore parlé de René Doumic qui rentre d'une tournée de conférences au Etats-Unis.

Je continue à admirer Brunetière *parce que*, à l'aimer *quoique*, mais il y a un terrible déchet. Il me fait souvent penser à ce sophiste qui marmonnait :

« Je n'aime pas qu'on soit de mon avis, surtout quand je n'en suis pas moi-même. »

*
* *

Décembre 1898

Visite aux Brunetière. Il vient de donner une conférence à Besançon : *le Besoin de Croire*. C'est une confession, il se rallie presque au catholicisme, et annonce en terminant qu'il fera un pas de plus.

Qui l'eût cru jadis? L'influence de Bossuet, le principe d'autorité, les visites à Léon XIII, ont produit cette curieuse évolution qui n'est pas sans inquiéter certains lecteurs pour l'avenir de la Revue. D'aucuns prophétisent les étapes de cette métamorphose morale :

Idéaliste, chrétien, catholique, clérical, cardinal.

Cardinal vert, sans doute.

Samedi 4 février 1899

Notre dîner a bien réussi ; on a causé de sept heures et demie à une heure et demie. Vingt-quatre convives répartis sur deux tables, celle des jeunes et celle des *grosses légumes*.

Brunetière a beaucoup parlé ; j'ai obtenu pour lui l'attention générale à plusieurs reprises. Il a, sur ma demande, détaillé, mimé même le paradoxe d'Huxley que le prince Roland attribue à Darwin, et qui a, ce semble, plusieurs auteurs comme la fameuse définition de la divinité par Pascal.

Le paradoxe d'Huxley est le suivant : Plus il y a de vieilles filles en Angleterre, plus la population augmente. Et voici son développement : Pour que la population augmente, il faut qu'il y ait plus de bétail pour la nourrir. Pour qu'il y ait plus de bétail, il faut de plus en plus de trèfle incarnat pour nourrir ce bétail. Pour avoir de plus en plus de trèfle incarnat, il faut qu'il y ait de plus en plus d'abeilles pour disséminer le pollen des fleurs de trèfle. Pour qu'il y ait de plus en plus d'abeilles, il faut qu'il y ait de moins en moins de mulots pour détruire les abeilles. Pour qu'il y ait de moins en moins de mulots, il faut qu'il y ait de plus en plus de chats pour faire la chasse aux mulots et enfin pour qu'il y ait de plus en plus de chats, il faut qu'il y ait de plus en plus de vieilles filles.

Brunetière dit facilement :

« Je ne pense pas un mot de ce que je dis ni de ce que j'écris. »

Ou bien encore ce sont des propositions comme celles-ci :

« Un tel dit du bien de tout le monde dans ses articles; moi, je dis du mal de tous, ce qui d'ailleurs revient absolument au même. »

Mme Buloz dit joliment :

« Il est tantôt né à Brest et tantôt à Toulon (les deux pays d'origine de sa famille.) »

Je ne suis pas seul à remarquer qu'il n'est nullement l'homme de son style, de ses doctrines littéraires, de ses attitudes directoriales. Plus d'un constate une antinomie fréquente entre ses paroles et ses actions qui procèdent d'un caractère mobile, tourmenté : bref le roseau peint en fer. Un pénétrant critique, déclare qu'il a beaucoup évolué, qu'il était souvent faible et hésitant, que le vrai maître de sa vie intérieure fut Pascal et non Bossuet.

A propos du premier, il a cité la définition du savoir : « Douter où il faut, assurer où il faut, en se soumettant où il faut. »

Brunetière d'ailleurs aima passionnément Bossuet, c'est peut-être pour cela qu'il disait volontiers : *Ce coquin de Fénelon*, et en voulait à Renan d'avoir qualifié Bossuet : *l'idole de l'admiration routinière*, et traité la *Politique tirée de l'Ecriture Sainte* « d'ignoble parodie de la Bible au profit de Louis XIV ».

Deux mots de l'abbé Mugnier : « Lacordaire a continué dans la chaire *Le Génie du Christianisme.* »

« Brunetière est un pessimiste qui se conduit en optimiste. »

*
* *

Fin février 1899

Dîner chez Mme Buloz. Convives : Melchior de Vogüé, les Brunetière, les Houssaye, Francis Charmes, l'amiral Miot, Melle Abbatucci, Mme Poradowska, les Renouard, Landouzy, les Doumic, etc...

Landouzy de tout premier ordre dans une discussion avec Brunetière sur la prétendue faillite de la science.

« Les savants, conclut-il, n'ont rien promis, ils ont beaucoup donné, et donneront plus encore. »

Melchior de Vogüé, très intéressant sur le roman russe qu'il a révélé au grand public français dans une série d'admirables études. Il n'est pas de ces causeurs éclatants qui envahissent et prennent d'assaut la conversation, sa voix est un peu terne, et manque de coloris ; mais derrière cette parole, trop rare, trop contenue, que de choses, combien de ces mots qui percent le brouillard des questions, illuminent les hommes, les problèmes moraux !

1900

Paul Bourget proclame son adhésion au catholicisme dans la préface de ses Œuvres Complètes. A Costebelle, il a une chapelle où l'on dit quelquefois la messe. « Il ne faut pas, explique-t-il, qu'on croie qu'à l'Académie tout le monde est libre-penseur. »

A propos de la conversion, plus ou moins politique, de Brunetière, on a fait cet à peu près : « Il ne vaticine plus, il *vaticane.* » Oui, il y a de la politique là-dedans, et plus d'un catholique reste méfiant. Il a dit, à moi et à d'autres intimes :

« Les croyants ne seront pas peu surpris le lendemain de ma mort. »

Comme si, après avoir fait plusieurs pas en avant, il voulait au moment suprême, se rejeter en arrière.

Cette parole, lancée, répétée dans ses accès de mauvaise humeur, a peut-être dépassé son intention ; tout de même elle a de quoi inspirer des doutes.

*
* *

Dîné à la Revue. Réflexion de Lefuel, conseiller à la Cour d'Appel de Paris, sur le jugement qui condamne Déroulède, Buffet et Guérin :

« C'est une partie qui coûtera cher à ceux qui paraissent la gagner. »

Brochard, sur deux jeunes femmes dont le public a salué les débuts littéraires de ses acclamations: « Elles ont des âmes de trottins dépravés. »

Maladie de Brunetière dont la santé est atteinte; excès de travail, abus de la cigarette. Il fume jusqu'à quarante cigarettes par jour.

Il m'a dit plusieurs fois que s'il ne travaillait pas aussi éperdument, il ne pourrait supporter le poids de l'existence.

*
* *

Mai-juin 1900

Voyage de Mme Buloz en Italie.

Elle nous dit que Benjamin Constant fait le portrait de Léon XIII. Celui-ci, après bien des circonlocutions, a demandé au peintre de diminuer son nez, et d'ajouter une touffe de cheveux.

« Il est très coquet, le pape, disait Constant, et a quatre-vingt-dix ans ! »

Je mande à Mme Buloz une réflexion significative de la générale C... Comme elle était dreyfusiste, quelqu'un lui fait observer que tant de généraux n'avaient pu se tromper.

« Et pourquoi pas ? reprit-elle. J'ai été mariée à un général ; il n'y a rien de si facile à tromper ; je n'ai pas voulu, mais si j'avais voulu !... »

A propos de voyage, je lui cite la réponse d'un ironiste à un ancien communard disant :

« J'étais trop pressé ; je n'ai fait que brûler Paris.

— Encore ! »

Le dernier dimanche de juin, Mme Buloz avait à Epinay, Landouzy, les Ménard, les Boursy, les Duchesne, le docteur Mauribault. Celui-ci nous a amusés avec des histoires de tables tournantes qui ne tournaient pas ; il a aussi beaucoup parlé de l'ex-roi d'Espagne avec lequel il dîne et joue au billard presque tous les soirs.

Je rapporte à la compagnie un fragment de conversation, entre Bismarck et Pouyer-Quertier en 1871, conversation résumée par le duc de Broglie à l'un de ses mercredis. Notre ministre des Finances protestait contre l'énorme indemnité de guerre réclamée par le vainqueur : cinq milliards!

« Mais savez-vous bien qu'aucun homme, depuis Jésus-Christ, n'a eu l'idée d'une somme pareille?

— Aussi, riposte Bismarck, vous ai-je amené un homme qui remonte avant Jésus-Christ. »

Ce personnage, c'était Bleischröder, banquier israélite.

*
* *

Mardi 22 janvier 1900

Dîné chez Mme Buloz avec les Allouard, les Bellaigue. Dans la soirée un certain nombre de personnes entre autres les Cochin, les Doumic, les d'Avenel, Guillaume, de l'Académie Française, les Lefuel, les Bornier, les Bertrand.

La veille, notre amie avait reçu la visite du général et de Mme Mercier. Elle est très nationaliste, très *Patrie Française*, et Jules Lemaître lui a octroyé une sorte de satisfecit, disant chez Mme de Loynes :

« C'est une brave femme. »

« Jules Lemaître mué en chef de parti ! s'exclame non sans raison Landouzy. Après celui-là, il faut tirer l'échelle! »

Mme de Montebello dit assez plaisamment de Mme X. :

« Elle est dreyfusarde, et pourtant si peu *intellectuelle!* »

Cette dame, venue de sa province, assez jolie, riche, égoïste, illettrée au point de confondre l'*Illustration* avec la *Revue des Deux Mondes*, ayant une conversation plus que nulle, a réussi à empaumer un homme politique, sensiblement plus jeune qu'elle, et l'a gardé douze ans. Ce qui prouve une fois de plus la tyrannie de l'amour sensuel : aussi bien Talleyrand ne disait-il pas, quand on lui demandait ce qui le charma chez la belle indienne qu'il épousa :

« Elle me repose des femmes d'esprit. »

Mme X. un soir, éprouva une terrible blessure de vanité. Cela se passait pendant un grand dîner ; un député, assis entre la maîtresse de maison et Mme X. annonce qu'une plaisante nouvelle a circulé l'après-midi dans les couloirs de la Chambre. Les vingt autres convives dressent l'oreille ; et le député, qui ne connaissait pas sa voisine. prononce gaiement :

« Il paraît que X... vient enfin de plaquer sa vieille blonde... »

Et il allait continuer, lorsqu'il reçoit un coup de pied de la maîtresse de maison, et constate l'air stupéfait de l'auditoire.

On juge de l'impression ressentie par *la vieille blonde*. Comme sa bêtise ne l'empêche pas d'être assez « rosse » à l'occasion, les gens qui se réjouirent du pataquès parlementaire furent assez nombreux.

*
* *

Janvier 1901

Dîner chez Mme Buloz. Convives : Landouzy, de Vogüé, Gaston Boissier, Mme Isabelle Massieu, l'exploratrice et sa compagne, les Bertrand, les Mahon [1], les Rod, Roze de Villereau, les Moutard-Martin, Allouard, Robert de la Sizeranne. J'étais à côté de Joseph Bertrand qui parla beaucoup de Krüger et des Boërs ; E. Rod célébrait le nouveau roman de Paul Bourget : *Le Fantôme*, qui est remarquable en effet, d'un style brillant, et d'une donnée assez hardie.

Après dîner, j'ai causé avec Mme Mahon, Rod et les deux voyageuses. Mme Massieu a du charme et conte bien ses impressions. Elle a donné deux bons articles à la *Revue des Deux Mondes* sur le Siam, le Laos, le Thibet...

Je rapporte cette curieuse opinion du duc d'Ursel, président du Sénat belge :

« Si le parti conservateur et libéral était anéanti, il n'y aurait rien de changé ; seulement on aurait des socialistes gras et des socialistes maigres. »

---

[1] Mahon signe *Art Roë* à la *Revue des Deux Mondes*. Lieutenant-colonel et réputé un de nos plus brillants officiers, il fut tué au commencement de la guerre, en 1914.

L'idée est consolante, si elle est juste et prophétique. Mais...

La dame qui défend que sa fille assiste à une lecture d'un lettré japonais :

« Même en cette langue lointaine, je ne veux pas que ma fille risque d'entendre des choses obscènes. »

Le mot d'un savant qui prend femme :

« Ma fiancée a tous les signes anthropologiques de la bonté. »

J'ajoute ce compliment, celui-là déjà ancien du géomètre Lalande à la dame de ses pensées :

« Vous êtes le sinus des grâces et la tangente des cœurs. »

Et puis, à propos des prédicateurs dont je m'occupe beaucoup pour le deuxième volume de mon *Histoire de la Société française*, je cite cette formule qui plaît à Mme Buloz :

« Le sentiment religieux intense est à lui seul une distinction », puis quelques traits du sermonnaire Parker qui fauchait le mal à tour de bras comme il avait fauché l'herbe, toùjours au niveau de son auditoire : avec la populace plus populace qu'elle-même, avec les rois plus impérial qu'eux tous.

Dans son coin, Allouard, toujours folichon, prétend avoir connu un professeur qui divisait ses élèves en mystiques, sceptiques, et dyspeptiques. Et puis, *sotto voce*, des propos ultra-gaillards, s'envolent de ses lèvres, à l'adresse des oreilles viriles ; celui-ci entre autres :

« Dans l'atelier de mon confrère Puech, X., un

visiteur auteur dramatique, prophétisait en termes imagés le succès d'une prochaine première :

» Les spectateurs en pisseront de rire dans leurs » culottes.

» Mais le public a le mauvais goût de rester de glace, et quelqu'un d'observer :

»(Ils ont pissé avant.

» Cela devint un sobriquet par lequel on désignait le personnage dans les ateliers. »

Edouard Rod, l'auteur du *Sens de la Vie*, dit à Mme Blanc :

« Ma fille, je l'adore, mais elle sera sensible, aussi je souhaite qu'elle meure à six ans. »

Ce sont de ces paroles amères qu'on lance dans les heures de détresse mélancolique : Edouard Rod n'en était pas moins un père très tendre, un grand cœur et un grand talent.

Juin 1901

Dîner Brunetière. Convives : les Bonnières, les Arvède Barine, Gaston Boissier, les L'Hermitte, Dastre.

Boissier évoque maints souvenirs, parle de Flaubert, de Louise Colet qui lui avait donné un billet pour la réception de Vigny; trente ans après, il la revit, elle était tombée dans la misère.

« Cette femme de lettres, qui avait plus de prétentions que de beauté, plus de beauté que de talent, fut aimée par Cousin et aussi par Villemain, ce bossu spirituel, ce critique éminent et proéminent, qui lui dit un jour : « Aimez-moi, personne ne le croira ! » Quant à sa modestie à elle, jugez-en par la nouvelle qu'elle répandait dans un salon : « Vous ne savez pas ce qui se » passe ? On a retrouvé les bras de la Vénus de › Milo. Où ? Dans mes manches. »

Brunetière disserte copieusement sur l'ordre des Jésuites qu'il appelle : *le Bon Marché du Catholicisme.* Ce « Bon Marché » a des rayons de toute sorte, rayons des Confesseurs, des Martyrs, des Missionnaires, des Savants, des Orateurs, des Professeurs, des Politiques, etc...

Ensuite il passe à Villemain qu'il proclame médiocre et archi-médiocre écrivain.

« Vous lui accorderez bien quelque esprit ? me suis-je permis d'objecter.

— Sans doute, mais qu'est-ce que cela prouve ? Saint-Marc Girardin aussi avait de l'esprit, et qu'est-ce qui restera de lui ?

— Eh bien, insistai-je, il restera tout au moins son mot sur Napoléon III.

— Lequel ? interroge Boissier.

— Le voici : « Boulogne et Strasbourg, qui cachèrent Napoléon aux classes élevées, le montrèrent au peuple. »

— Oui, acquiesça Boissier, c'est un mot qui va loin. »

Là-dessus, le secrétaire perpétuel de l'Académie Française défile tout un chapelet d'historiettes, qu'il tient de Jules Simon, sur Victor Cousin, son avarice, son despotisme, etc.

Resté à Paris en 1871, Boissier fit la Revue pendant la Commune.

Beaussire ayant été arrêté par la Commune pour un article reproduit, Boissier va trouver le délégué à l'Instruction publique qui lui répond :

« Nous avons notre réputation à ménager devant les cours étrangères! Et puis nous ne sommes pas des fripouilles. »

Brunetière entame un parallèle éloquent entre Anatole France et Jules Lemaître. D'après lui, ce dernier à l'Académie, se montre peu patient, violent et subtil dans ses argumentations ; sa réponse à Dubout dans la Revue décèle la férocité de la vanité littéraire. Brunetière l'a insérée telle quelle sans lui demander de faire des coupures: il trouve à France *plus de lointain dans la pensée* qu'à l'autre.

Au dîner Brunetière, il a été encore fait allusion aux fêtes données en l'honneur de l'Académie internationale. Brochard était chargé du rapport de la Commission qui doit s'occuper de publier les œuvres de Leibnitz ; on l'a laissé tout seul avant la séance; étant pour ainsi dire aveugle, il éprouva une sensation presque angoissante d'isolement.

Je vais assez souvent passer une soirée avec lui, et nous remuons ensemble les cendres du passé : il demeure à l'entrée du boulevard Saint-Germain, tout près du Jardin des Plantes ; il aime encore le monde, et vient de temps en temps dîner avec nous.

Robert de Bonnières, qui nous a ramenés, ne peut sentir Gaston Boissier.

Nous nous sommes demandé d'où venait la rancune de Bonnières, qui d'ailleurs ne passe pas pour un bénisseur. On a même dit plaisamment qu'il serait capable de faire chauffer un train pour aller répéter à un ami le mal qu'un ami a dit de lui.

A la fin d'une soirée, quelqu'un émit cet avis :

« Emmenons Bonnières : pendant ce temps-là, il ne dira pas de mal de nous. »

Les impairs de Bonnières sont innombrables, et l'on en fait des gorges chaudes ; une façon de se consoler de ses coups de langue qui n'épargnent personne non plus. Discutant un jour avec d'Avenel, il prétend lui faire la leçon sur une question philosophique, s'embrouille dans son exposé, et conclut :

« D'ailleurs, à quoi bon vous l'expliquer? Vous ne comprendriez pas. »

V

1901

A Epinay, je vois souvent Charles Benoist dont
l'esprit incisif, la bonne humeur facétieuse, et les
impressions originales sur le monde parlementaire, sont fort goûtés. Il a pris rang parmi nos
bons écrivains politiques, compose un grand ouvrage sur la science sociale ; son livre sur le suf-
frage universel en est le frontispice.

Son verbe est très affirmatif, exubérant, son
organe net et précis, son caractère combatif : on
sent en lui l'homme qui arrivera, et fera sa trouée
par des moyens loyaux, comme d'autres la font
par des procédés équivoques.

Charles Benoist et Clemenceau passent pour être
les deux grands faiseurs de mots au Parlement.

Je lui ai demandé en riant de prendre mon fils
pour chef de cabinet quand il serait ministre ; il
me l'a promis, mais le vent ne souffle pas du côté
de la modération.

Bon orateur, Charles Benoist était, comme conférencier et causeur, savoureux, brillant même ;
il lui manque la grâce, un certain je ne sais quoi
qui s'appelait jadis « le parfum de la chambre des

Le « je ne sais quoi! » Balthazar Gracian le définit joliment, et dans son sens le plus étendu :

« Le je ne sais quoi est l'âme de toutes les qualités, la vie de toutes les perfections, la bonne grâce du langage et le charme de tout ce qui est le bon goût. Il amuse agréablement l'imagination, mais il est inexplicable. Les actions ont leurs sages-femmes, et c'est à je ne sais quoi qu'elles doivent d'accoucher heureusement. »

Dans une réunion publique en 1898, Charles Benoist affirmait sa foi républicaine. Quelqu'un lui cria :

« Vous êtes républicain comme un radis. »

Il demande le sens de cette comparaison.

« C'est que vous êtes rose en dehors et blanc en dedans. »

Jules Simon, comblé d'hommages à la cour et par le peuple de Berlin, dit à Charles Benoist, en souriant :

« Il me semble que je suis plus populaire ici qu'à Paris. »

Charles Benoist est membre de l'Académie des Sciences Morales et a été nommé ministre de France à La Haye.

*
* *

Juillet 1901

Brunetière, emballé à propos d'une phrase du comte d'Haussonville qui parle en faveur de l'ouvrier, trouve qu'on ne pense guère *au travailleur bourgeois.*

Je crois bien avoir dit, un jour, de Brunetière, qu'il est un *polygame de désirs!* Il est aussi un polygame d'idées littéraires, puisqu'il épouse toutes les théories l'une après l'autre, et un polygame d'appétits inconsciemment dominateurs.

Un mot délicieusement modeste de Mme Blanc Bentzon :

« J'ai recueilli le fruit de mes bonnes intentions. »

Et elle est un de nos premiers écrivains femmes.

« Vous avez deux fois fait allusion au paradoxe de Mandeville, me dit-elle un soir chez Mme Buloz, paradoxe qui, selon vous, ne pouvait éclore que dans un cerveau anglais : expliquez-nous le. »

Je voulus me dérober, on insista.

« Puisqu'il en est ainsi, j'aurais mauvaise grâce à refuser. C'est en composant une étude sur le luxe que j'ai rencontré cette théorie qui, je ne sais pourquoi, me fait penser à Hobbes et à certains thèmes de Swift dans les *Voyages de Gulliver.* Ai-je besoin de dire que le livre de Mandeville fit scandale dans la prude Angleterre du dix-huitième siècle, fut dénoncé au Banc du Roi, et parce qu'il sapait les racines de la morale, et parce qu'il se montrait hostile à la religion anglicane? Mandeville affirme qu'à l'origine des sociétés, des philosophes rusés et politiques, pour s'assujettir les hommes encore sauvages, surent leur persuader qu'il était plus avantageux de dompter que de suivre ses appétits, de combattre ses inclinations que d'y succomber, de préférer le bien d'autrui au sien propre. Ils inventèrent un équivalent universel, la flatterie, grâce auquel, à force de vanter la supériorité de notre nature sur celle des animaux, ils inculquèrent aux peuples les notions d'honneur et de honte. Conclusion : les vertus morales sont les politiques rejetons qu'a produits la flatterie par son mariage avec l'orgueil ; en réalité, le bien sort du mal comme les poulets sortent des œufs. La bonté morale des choses n'a rien de réel en elle-même ; le beau et l'honnête changent comme les modes et les costumes ; ce ne sont pas les bonnes et aimables qualités de l'homme qui le rendent plus sociable que les autres animaux ; ce sont plutôt ses mauvaises et pernicieuses aptitudes.

» Mandeville croit que le luxe est un vice, et il soutient que ce vice est nécessaire à la conservation, à la prospérité des Etats. Il n'y a donc qu'un sot qui puisse s'occuper de rendre une société vertueuse, et, peuples, individus, ne sauraient prospérer sans le service des grands vices.

» Mandeville condense, illustre sa thèse dans une sorte d'apologue qu'il appelle la *Fable des Abeilles* ou *Les Fripons devenus honnêtes Gens*. Il suppose une immense ruche où les abeilles ont les mœurs des sociétés humaines : médecins charlatans, prêtres hypocrites, ministère fourbe et intéressé, juges faisant pencher du côté de l'or la balance de Thémis, mauvaise foi et fraude régnant dans les contrats et le commerce, inconstance dans les lois, dans les modes ; bref chaque classe de la société en proie au vice. Cependant la grande

masse formait un Etat puissant, recherché pendant
la paix, redouté dans la guerre ; il devenait l'arbitre entre les ruches voisines. Ses crimes faisaient sa grandeur, et la vertu, formée aux ruses
par la politique, se trouvait d'accord avec le vice.
Mais quelques réformateurs, au nom de la probité, tournèrent les têtes, Jupiter exauça leurs
vœux, supprima la fraude ; les mœurs se réfor-
mèrent, la paix et l'abondance régnèrent tout
d'abord. Cependant les arts, ministres des plaisirs et du faste, n'avaient pas tardé à déserter ;
attaquées par de nombreux ennemis, les abeilles
triomphèrent, mais au prix des plus pénibles sacrifices. Ce qui resta de la nation, après des victoires
sanglantes, se réfugia dans un creux d'arbre, réduit à la maigre satisfaction que donne la vertu. »

Nous palabrâmes un bon moment sur le paradoxe de Mandeville, où chaque parti pourrait trouver une philosophie de l'histoire appropriée à ses
passions, à ses intérêts. L'auteur a voulu peindre
l'Angleterre en noir, l'Angleterre de ce Walpole
qui, montrant son portefeuille, affirmait qu'il
avait là le tarif de toutes les consciences du Parlement.

*
* *

Janvier 1902

Conversation à bâtons rompus avec Mme Buloz.
Il paraît que le P. Truck a parlé en chaire contre
la *Revue des Deux Mondes*.

Aux lundis de Pailleron, où les convives ne brillaient pas par la bienveillance, j'entendis Louis Leroy répéter le mot, plus ou moins authentique, de Sainte-Beuve à Buloz père, pendant un séjour à Ronjoux :

« Voilà donc ce fameux château que vous avez bâti avec la cervelle de vos contemporains ! »

Et aussi le quatrain de Louis Ulbach, quatrain démarqué de l'*Almanach des Muses* :

> Quand aux bords souterains Buloz devra descendre,
> Rien ne pourra le retarder :
> Il n'aura qu'un œil à fermer,
> Et, chacun sait, point d'âme à rendre.

Buloz, dont l'œil unique éclaire les Deux Mondes,

en dépit des railleurs, n'en a pas moins été un grand homme dans son genre. Pourquoi s'étonner si au Ronjoux, il lui arrive d'émettre cette réflexion : « Quel beau temps pour corriger des épreuves ! » Ou bien d'arrêter Cherbuliez qui s'apprêtait à reprendre d'un plat de champignons : « Cherbuliez, prenez garde ! vous n'avez pas terminé votre roman pour la Revue ! » Et aussi de tenir ce raisonnement : « Je dirige bien ma Revue parce que je ne suis pas un homme de lettres. »

Il a la hantise de son œuvre, elle est toujours devant lui, c'est une maîtresse adorée de toutes les minutes ; il lui sacrifie son temps, sa santé, ses plaisirs. Et n'oublions pas non plus que, s'il a employé ses contemporains à élever son monument, il a singulièrement aussi contribué à relever la dignité, la situation des hommes de lettres.

François Buloz dit à Louis-Philippe, un premier janvier :

« Sire, je vous présente l'homme qui s'efforce de gouverner les plus ingouvernables de vos sujets : les gens de lettres et les comédiens. »

Il était alors directeur de la *Revue des Deux Mondes* et commissaire du gouvernement près la Comédie-Française.

Les conseils de François Buloz à Mme Zéa Pigache :

« Vous devriez épouser Montégut : il est triste, plein de talent ; vous gaie ; ça lui fera du bien. »

A propos de John Lemoinne avec qui il s'était brouillé :

« Allez jusqu'au bout avec lui ; vous me le ramènerez. »

Mme Pigache, très gaie, très humoristique, s'intitulait : la première divorcée de France ; elle venait assez souvent dîner à Epinay, nous allions tous les ans déjeuner chez elle à Poissy, et c'était, en arrivant, un feu roulant de plaisanteries abracadabrantes. « J'ai de l'esprit pendant un quart d'heure, vingt minutes au plus, nous disait-elle ; après ce sera votre tour. » Belle-sœur de Gounod, assez Saint Jean Bouche d'Or, elle soulevait bien des voiles, sans y mettre malice, convaincue que la gloire d'un grand artiste domine tout, n'est nullement diminuée par certaines faiblesses.

*
* *

12 juin 1902

« Brunetière, déclare E. Ollivier, professe trop, est trop tendu dès les premières phrases, veut toujours prouver. »

L'abbé Mugnier, que j'ai rencontré hier, m'a dit un mot bien curieux sur Brunetière :

« Il se communiera lui-même. »

Dialogue entre Brunetière et un ami :

L'Ami : Vous voilà prêchant la foi ; mais allez-vous à la messe ?

Brunetière : Ah ! Ne mêlons pas les questions.

Brunetière estime que la probité du critique consiste à réagir contre ses impressions, il déclare pontificalement :

« Je n'aime pas ce qui m'amuse. »

Autre maxime de Brunetière :

« Je méprise dans Corneille ses affinités avec Hugo. »

Certaines qualités de style, et certains genres littéraires sont de l'hébreu pour lui. Nous eûmes jadis une castille au sujet d'Anatole France, et je finis par lui reprocher d'avoir fait refuser à la Revue *Le Crime de Sylvestre Bonnard*, que j'appelai un chef-d'œuvre. Là-dessus, il me délivra un véritable discours en quatre points, et prétendit me forcer à confesser que je me trompais.

« Si je me trompe, repris-je, c'est en bonne compagnie, avec la plupart des lettrés ; et l'avenir vous donnera tort.

— Qu'est-ce que cela prouve ? » dit-il.

Chez Mme Aubernon, à la fin d'un dîner, où Brunetière avait copieusement fait son Tarquin, tranchant, fauchant, abattant les têtes, distribuant le blâme et parfois l'éloge, prophétisant même ce que serait dans un siècle la littérature française, la maîtresse de maison, toute congestionnée par cet ouragan d'éloquence, dit en lui prenant le bras pour rentrer au salon :

« Avouez tout de même, monsieur Brunetière, que vous êtes un fameux despote.

— Non, Madame, reprit-il, je ne suis pas desposte, mais je n'aime point qu'on ne soit pas de mon avis. »

Le surlendemain je contai la scène à Mme Buloz ; elle ajouta :

« Comme je lui demandais des nouvelles de ce dîner, il dit gaiement :

« Je m'y suis beaucoup amusé ; il n'y avait que moi de grand homme et j'ai parlé tout le temps. »

Chez Mme de Loynes, Brunetière était souvent sur la sellette, mais les coryphées du salon, Jules Lemaître, Vandal, Henry Houssaye, le marquis de Ségur, se montraient en somme sympathiques.

1905

Brunetière a la gorge malade ; il passe quatre mois à Marlotte, près de Fontainebleau, où je vais le voir en juillet et en août ; beaucoup de gens le croient très atteint ; il est bien maigre, et sa voix très mauvaise ; d'ailleurs la même verve, la même vigueur de logique et d'argumentation.

A l'un de ces voyages, je fais route avec Mme Bessie Van Vorst qui va partir pour les Etats-Unis ; elle y va comme je vais à Marlotte. Charmante, très fine, mariée trois heures ; son mari est mort dans l'après-midi. Elle plaisait beaucoup à Mme de Beaulaincourt qui vient de mourir ; ne plaît pas moins à la comtesse Jean de Castellane. Elle a écrit une substantielle étude sur le travail de la femme aux Etats-Unis.

Mme Van Vorst a épousé Hugues Le Roux un peu avant la guerre.

« La coutume de se battre entre peuples se perdra, comme s'est perdue chez nos pères, avec la manie de dégainer à tout propos, au coin de chaque rue, l'habitude de sortir l'épée au côté. » Contre cette thèse de Frédéric Passy, pacifiste déterminé, Brunetière rompt une lance dans la Revue (*Le Mensonge du Pacifisme*).

*
* *

1906

Je reçois le 1er août une lettre de Mme Buloz qui m'annonce son prochain mariage avec Landouzy. C'est ma plus fidèle amie, une amie de vingt-huit ans, et si parfaite, que, possédant les plus rares qualités, elle n'a pas dédaigné de les mettre en relief par quelques petits défauts. Si elle les avait écartés, elle serait trop au-dessus de l'humanité.

« *Il me faut un curé* », disait à un dîner chez elle, Faguet, voulant préciser son vote futur pour le cardinal Mathieu. Celui-ci sera reçu par le comte d'Haussonville, Ribot par Paul Deschanel, Maurice Barrès par Vogüé.

Brunetière, ayant échoué une première fois à l'Académie, dissimula en ces termes son déplaisir :

« Ils ont eu tort, car je n'aurais plus demandé que trois choses : 1° une plume ; 2° du papier ; 3° de l'encre. »

Pie X dit à Bellaigue :

« M. Brunetière veut être un cardinal vert, un père de l'Eglise ; il ferait mieux d'être son fils soumis. »

Brunetière l'apprit par d'autres que Bellaigue, et en garda rancune au pape.

Le général Frey l'a vu mourir ; il a bu un peu de champagne quelques instants avant la fin, il avait aussi auprès de lui son médecin, le docteur Rousseau.

Je le voyais sans cesse, chez Mme Buloz, chez lui, chez Mme Aubernon, chez les l'Hermitte, les Duval, chez nous aussi, etc... j'assistais à toutes ses conférences parisiennes, il me faisait mainte confidence, j'ai tâché, quand j'ai pu, de lui être agréable. Il n'avait pas conscience en amitié de ces défaillances qui meurtrissent, mais bientôt je retombais sous le charme, pestant contre ma faiblesse, et me consolant à la pensée qu'au moins je jouissais de la présence réelle: si le cœur avait à se plaindre, le cerveau était pleinement satisfait. Et cela dura ainsi jusqu'à la fin.

*
* *

1916

Une réflexion de Francis Charmes : « La mesure habituelle du temps n'a plus de rapports avec celle des choses au milieu desquelles nous vivons et mourons. »

Charmes, de l'Académie Française, directeur de la *Revue des Deux Mondes*, avait soixante-huit ans; il est mort du diabète, avec complication de grippe, en huit jours. Resté célibataire, il dînait beaucoup trop en ville. Il avait deux frères : Gabriel Charmes, mort à trente-six ans, qui a écrit de charmants livres de voyages ; Xavier Charmes, membre de l'Académie des Sciences morales, pourvu d'une belle situation en Egypte ; enfin une sœur qui tenait la maison.

Les Charmes ne recevaient pas : Francis s'en remettait complètement à Mme Landouzy du soin de représenter la Revue sous ce rapport. C'était, d'ailleurs, un homme de très bonne compagnie, d'une courtoisie parfaite, plein de tact, écrivain judicieux, habile au jeu des périphrases et des sous-entendus diplomatiques : il avait longtemps collaboré aux *Débats*, et dirigeait la Revue avec une habile prudence.

1917

Trois candidats étaient en ligne pour la succession de Francis Charmes : René Doumic, membre de l'Académie française ; Charles Benoist, membre de l'Académie des Sciences morales et politiques, député, et André Beaunier.

René Doumic fut nommé directeur, Charles Benoist chargé de la chronique politique, André Beaunier de la chronique littéraire.

Sept ans à peine s'étaient écoulés que le nombre des abonnés de la Revue, sous le principat de René Doumic, avait plus que doublé. Avec d'autres qualités, c'est un second François Buloz. Grâce à son goût parfait, à sa largeur d'esprit, à son labeur acharné, à sa préoccupation constante de rallier des talents nouveaux et pourtant éprouvés, *la Revue des Deux Mondes* tient toujours le premier rang et diffuse un rayonnement infiniment profitable à la France et aux idées qu'elle représente.

*
* *

31 Mars 1917

La santé de Landouzy donne de plus en plus d'inquiétudes ; Melle V... nous écrit :

« On l'a photographié, et les articles nécrologiques sont composés. »

... Notre cher Landouzy, doyen de la Faculté de Médecine, membre de l'Académie des Sciences, a été enterré le lundi 15 mai 1917 au Val-de-Grâce. Trente-huit ans d'amitié.

La Faculté se serait trompée sur la maladie de Landouzy ; un seul aurait vu clair, compris pourquoi le malade se plaignait d'une douleur très vive au côté droit. On dit maintenant que s'il avait été opéré comme il le demandait, il eût été sauvé.

... Mme Landouzy est morte en avril 1918.

QUELQUES AUTRES SALONS

Quelques autres Salons

Je vais rassembler dans un seul chapitre, assez long d'ailleurs, un certain nombre de salons, alors que plusieurs mériteraient une étude étendue. Mais la place m'est mesurée.

On me reprochera peut-être de donner une place prépondérante à ce qu'on appelait au XVIIIe siècle *les bureaux d'esprit.*

Je pourrais répondre avec Alphonse Karr : « Je dis toujours la même chose, parce que c'est toujours la même chose. »

Soit par la parole, soit par le geste, la vie de salon est la peinture exacte, ou si l'on veut, un résumé, une quintessence de la vie sociale. Toutes les grandes questions d'art, de science, de politique, de diplomatie, ont été, sont discutées, *causées* dans les salons : certes, ceux-ci ont perdu leur influence, mais ils n'ont pas perdu la grâce, la beauté, l'éloquence, l'esprit, et dans une certaine mesure il leur reste le tact, la nuance, la courtoisie ou du moins, c'est dans les salons qu'on retrouve les représentants, les modèles de ces trois dernières vertus.

Laissons aux censeurs moroses les épigrammes faciles, les déclarations boursouflées sur la décadence de la société ; celle-ci vit, se transforme sans doute, subit l'éternelle loi de l'évolution ; parfois, peut-être, elle semble s'engourdir dans une sorte de sommeil cataleptique, mais ces crises ne durent guère, et sont suivies d'éclatants réveils.

Parmi les bourgeois, titrés ou non, parmi les ruraux, j'ai rencontré beaucoup de belles âmes, de grands esprits, de héros du bon sens ; ils ont eu le courage de la vie, du devoir obscur, de l'économie intelligente, souvent méconnus, parfois même ridiculisés par les moutons de Panurge de la sottise, de l'envie, ou ce qui est plus triste, par des littérateurs, des utopistes, trop prompts à condamner des classes entières pour la faute d'une minorité, même par des braves gens empressés de répéter des bavardages niais ou venimeux. C'est cette masse anonyme qui continue d'incarner les vieilles traditions d'honneur, de patriotisme, et rend possibles les sublimes efforts de la race, réveillée soudain de la périlleuse léthargie où la plongeaient les endormeurs, les pessimistes, les charlatans et les traîtres.

Quels que soient les défauts des salons, ils contribuent beaucoup à semer dans les cœurs les semences d'héroïsme, de dévouement qui suscitent les maîtres de la pensée, de la vie morale de notre nation, les chefs inspirés, savants, qui font le salut et le triomphe de celle-ci dans les crises suprêmes.

Madame Charles Cartier

Le salon de Mme Cartier (Marie-Laure Casati de
Casatis) eut trois phases, sinon très distinctes, du
moins assez sensibles, bien qu'à certains moments
elles se mêlent comme les affluents d'une rivière,
comme les évolutions des âmes et des talents, bien
qu'on puisse, même pour les cénacles mondains,
invoquer partiellement la maxime un peu déconcertante de Renan sur le vrai et le faux, le juste
et l'injuste, le bien et le mal, le beau et le laid,
qui se confondent les uns dans les autres par des
nuances aussi indiscernables que celles du cou
d'une colombe.

Première phase: salon surtout politique à partir de 1871 ; vedettes : Gambetta, Jules Ferry, Charles Ferry, Jules Méline, Challemel-Lacour.

Seconde phase, politico-diplomatique : pénétra-
tion du salon par les ambassadeurs, toujours curieux, toujours fidèles à la maxime de Guichar-
din: *va dove si vince* (va du coté du plus fort), maxime si bien paraphrasée par ce conseil de Mme de
Choisy à son fils : « Attachez-vous au gros de l'arbre (le roi) ». Mme Cartier les accueille avec empressement, elle sert ainsi la cause de la France,
les vues patriotiques de ses amis.

Troisième phase: entrée en scène de l'élément
mondain qui, sans étouffer les deux autres, leur
apporte une sorte de printemps d'élégance, la note

riante qui manquait un peu, la grâce, la beauté des femmes, la frivolité qui tempère la solennité des gens sérieux, cette frivolité sans laquelle Voltaire estimait que l'humanité périrait d'ennui. L'élément mondain se taille une large place, avec l'agrément et selon le vœu de la maîtresse de maison. C'est à cette période que les miens et moi nous appartenons, car malheureusement je n'ai connu Mme Cartier qu'à partir de 1890 ; mais l'amitié s'est vite déclarée, personne plus qu'elle ne fut capable d'inspirer, de ressentir ce sentiment noble entre tous, dans ses délicatesses, ses élévations et ses générosités.

Pour montrer ce salon en action, il me semble que le meilleur moyen est de détacher quelques extraits de mon journal pendant les trois dernières années de sa directrice. C'est d'ailleurs le moment où il a atteint son entier épanouissement. Ici, comme pour d'autres salons, je me vois forcé d'opérer bien des coupures ; peut-être n'en ai-je pas encore assez opéré, peut-être n'ai-je pas assez observé le conseil du vers proverbe :

Le secret d'ennuyer est de vouloir tout dire.

Ce qu'on coupe n'est pas sifflé. Sans doute : mais l'éternel démon de la vanité répond avec Scribe : « Ce qu'on coupe n'est pas applaudi. »

Mardi 29 juin 1897

Dîner d'hommes chez Mme Cartier. Convives : Comte Tornielli, d'Anethan, Saisset-Schneider, Charles Yriarte, Georges Michel, René de Maulde, Harris Phelps. Ce dernier me narre ses voyages, il a passé un an au Japon. Tandis qu'il se baigne dans une salle, une dame arrive avec sa fille, elles se déshabillent depuis A jusqu'à Z devant lui, prennent leur bain, et lui n'ayant d'autre vêtement que sa pudeur, se sentait fort embarrassé de sa personne. Mieux encore : un père, ayant déjà un ami avec lui dans sa baignoire, lui demande de prendre sa fille, âgée de quinze ans, dans la sienne ; tous dans le costume d'Adam avant la faute « Chaque peuple a ses habitudes », ajoutait Harris Phelps après chaque histoire.

Charles Yriarte rappelle l'avertissement d'un mari à C... D... : « Vous m'avez pris ma femme ; gardez-la, ou je vous brûle la cervelle. » Puis le mot stupéfiant d'un reporter qu'Edouard Lockroy refusait d'introduire auprès de Victor Hugo mourant : « Vous oubliez que l'agonie de Victor Hugo appartient à la France ! »

Dans le domaine sentimental, cette maxime de Mme Barratin divertit la maîtresse de maison :

« L'Amour dit à l'Amitié : Ote-toi de là que je m'y mette ! — Quelque temps après, l'Amour dit à l'Amitié : Remets-toi là que je m'en aille ! »

Mme Cartier s'amuse de la réponse d'une jeune quakeresse à son amoureux qui insiste ardemment pour obtenir d'elle un baiser.

« Ami, observe-t-elle sévèrement, tu ne dois pas m'embrasser.

— Si, sur mon âme, je t'embrasserai ! »

Lors, la jeune fille, plus doucement :

« Puisque tu as juré que tu le ferais, fais-le donc ; mais du moins n'en prends pas l'habitude. »

Ainsi le baiser a sa casuistique. Une dame de mes amies le compare à un fruit qu'il faut cueillir sur l'arbre.

Puis vient un mot qui a été pensé sans doute par beaucoup de femmes, et dit par quelques-unes : la réflexion de la dame dont le mari a la pitoyable habitude de se vanter à table de ses bonnes fortunes, réelles ou imaginaires. Un convive demande à la maîtresse de céans si cela ne l'agace pas un peu.

« Non, fait-elle tranquillement. Il a eu tant d'aventures ! Il doit en être fier ! Moi, je n'en ai eu qu'une, et je ne lui en ai jamais parlé ! »

Je rappelle cette boutade de Mme Singer. Je lui parlais d'un gentleman exotique qui, à l'entendre, est noble comme le roi, riche comme Vanderbilt, spirituel comme Marcel Prévost, mène la vie à grandes guides, a une écurie de courses dans son pays : « Il fait courir... tous ces bruits-là », interrompit Mme Singer.

Une fois de plus, je constate combien ces riens anecdotiques, ces cancans de salons, contribuent à l'agrément d'une soirée, déridant les fronts les plus austères, et justifient le mot d'un ancien : « A demain les affaires sérieuses ! »

On vient dans le monde pour se récréer, et non,

comme l'imaginent certaines maîtresses de maison, pour y débiter des conférences politiques ou littéraires.

Notre hôtesse a rapporté le mot de l'évêque de Milan à Bonaparte lorsqu'il voulut visiter le trésor de la cathédrale pendant la campagne d'Italie. Le prélat qui avait une des clefs, était en retard. Bonaparte lui demande sèchement : « Nous prend-on pour des voleurs ? » L'évêque répond : « *Non tutti, ma buona parte.* »

G. Michel traite Alexandre Dumas de *Cabot-nègre.*

— Alors, reprend un des convives, ce n'était pas un *Cabot-teint.*

Mme Cartier me raconte une réponse de Charles Ferry, fort peu wagnérien, à Mme Gallet qui disait que le duo d'amour de *Tristan et Yseult* la fait pleurer : « Vous avez la larme facile. »

Décembre 1897

Dîné chez Mme Cartier avec l'amiral Miot, Tony Smet, la belle Américaine Alga Law et sa petite sœur. Nous avons dit des choses qui effarouchèrent la pruderie de la maîtresse de maison ; elle avait composé un menu de rébus, et nous l'a donné à deviner :

Collégien Potache	Potage Colbert
Giffle italienne	Soufflés au parmesan
Police de Henri IV	Filet à la Béarnaise
Dame mûre et brune	Poularde truffée
Bonnes gens ayant très froid	Jambon glacé

Opinions politiques	Salade russe
Oiseau et ses fruits	Pie aux fruits
Obsession de Werther	Charlotte
Un sourire de Madame Law	Dessert

L'amiral Miot m'a conté des histoires salées, celle-ci entre autres : « Voulez-vous flirter avec moi? lui dit une jeune fille étrangère de vingt-huit ans. — Non. — Pourquoi? — Je n'aime pas flirter ; je conçois autrement l'amour. — Comment? — Vous êtes des coquettes. Nos femmes ont l'âme plus noble ; quand elles aiment, elles se donnent. » Elle réfléchit un instant, et finit par déclarer : « Nous nous donnons aussi. »

Nous avons fait à Alga Law, « la Perle » comme l'appelle notre amie, des bouts rimés sur les mots : mince, zut, pince, luth. Voici les moins mauvais :

Blanc comme un lys, ton cou long, délicat et mince
Charme les yeux. Hélas ! A l'amour tu dis : zut !
Ivre de ta beauté, tant de froideur me pince.
Poète, c'est en vain que je prendrais mon luth.

Mars 1898

Grand dîner diplomatique chez Mme Cartier. Convives : l'ambassadeur d'Autriche-Hongrie et la comtesse de Wolkenstein-Trotsburg, comte et comtesse Tornielli, de Stuërs, ministre des Pays-Bas, Due, ministre de Suède, Mme et Mlle Due, Gabriel Hanotaux, les Houssaye, les de Maulde, Müntz, Casati et moi.

Dîner comme on n'en voit plus :

Potage velouté
Soufflés au parmesan
Timbales de homard
Filets à la portugaise,
Poulardes truffées braisées
Jambon à la russe
Spoom au Maraschino
Cailles rôties
Pâté de foie gras
Salade américaine
Glace moscovite

Vins : Marsala, Château Yquem, Château Margaux, Pommard, Crémant rosé, Tisane Moët, Syracuse.

Le menu était un objet d'art en plusieurs pages, où figuraient la liste des convives, plats, vins, programme du concert, l'hôtel de la rue Alfred de Vigny photographié avec la devise : *Sit amicis alma domus.* Concert pendant le dîner ; violons, altos du Conservatoire et des Concerts Colonne ; le soir, *les Fourberies de Nérine*, de Banville, fort bien jouées par Robert de Flers et Melle Carlix ; l'orchestre dirigé par Desgranges.

Après le dîner, cent soixante à cent quatre-vingts personnes, dont une partie du Corps diplomatique.

Souper à deux heures du matin ; nous étions quinze, j'ai porté un toast à la beauté, à la grâce, à l'esprit et au talent. Mme R. est venue à moi à la fin du souper, et m'a dit : « Je vous remercie doublement, car je sais que c'est pour moi que vous avez parlé. » Elle est bien jolie, et ne l'ignore pas ; sa taille vaut celle de Mme Guillaume Berr.

Mme Cartier est très préoccupée de constituer un comité de secours aux blessés espagnols ; elle m'a fait écrire à Mme de Janzé, et voudrait avoir la duchesse d'Uzès comme présidente.

A propos de la guerre hispano-américaine, M. Duc nous sert l'apologue d'un professeur de l'Université d'Iéna. Il y avait foule à son cours, car il avait annoncé l'avant-veille qu'il parlerait de ce conflit. Le professeur entre, s'assied, un livre à la main, s'excuse de parler en français, et lit... la fable de La Fontaine: *Le Loup et l'Agneau.* « Maintenant, conclut-il, vous en savez, Messieurs, autant que moi, sur le conflit hispano-américain. »

L'historien René de Maulde parle de M. Guyot de Villeneuve qui était président de la Société des Bibliophiles, fureteur passionné, et cette recherche tenace lui avait valu mainte bonne fortune littéraire. Un de ses amis, enragé de vénerie, le plaisantait sur cette innocente manie : « Lisez-vous tous les livres que vous achetez? — Et vous, mangez-vous tout le gibier que vous tuez ? » risposta le bibliophile.

Les mots d'Oppert, membre de l'Académie des Sciences.

Sa réponse à un candidat académique: « Je ne veux pas compromettre votre *insuccès.* » A un autre qui venait de lui avouer : « Je ne vous comprends pas. — Me prenez-vous pour une inscription cunéiforme? »

En détaillant ces ripostes, Oppert ajoutait modestement ; « C'est du Voltaire. »

Dîner du 22 mai 1898

Convives : le Nonce, les quatre Méline, prince et princesse Ouroussof, comte et comtesse Tornielli, les Pallain, les Rambaud, marquis Paulucci, Müntz et moi.

Après le dîner, grand succès pour la *Fleur d'Amour* de G. Lemaire, et sa jeune troupe, composée de :

Albert Legrand,	Liou Pô,
Vicomte de Massougne,	Vicomte Li,
Labruyère,	Poète Tong,
Baronne de Bournat,	Fleur penchée,
Yvonne du Bled,	Anémone rose,
Valentine Chauveau,	Rayon de lune,
Nella Ferrari,	Fleur de pêcher,
Jeanne de Masquard	Chrysanthème,

Cette pantomime de Lemaire a été jouée ensuite dans une dizaine de salons. Chez Mme Cartier, j'ai débité un prologue où, selon les règles consacrées, je commentais la pièce, et complimentais copieusement tout le monde, acteurs et spectateurs, M. Méline, les ambassadeurs, les jolies femmes, sans oublier la maîtresse de maison. Je me comparais *in petto* à ce Philinte qui, après avoir dépensé tout son répertoire d'éloges, finit par féliciter un enfant : « Si jeune, et déjà fils du maire de Nancy ! »

En novembre 1898, une grande soirée consacrée tout entière à Alfred de Musset, le poète préféré de Mme Cartier ; des mondains jouent : *Il faut qu'une porte soit ouverte ou fermée* ; une actrice de

l'Odéon récite en perfection la *Nuit d'Août ;*
Mme Gallet chante cinq poésies mises en musique.
J'étais, comme toujours, chargé du compliment
inaugural à l'adresse de l'assemblée et des artistes.
Le succès de la fête a été complet ; la maîtresse de
maison s'était donné un mal infini, pendant plus
de trois semaines, pour l'organiser dans ses moindres détails.

Absent de Paris, j'entretenais une correspondance suivie avec Mme Cartier. Tandis que j'étais
chez Charles Ferry à Saint-Dié, elle m'adressa ce
mot, en même temps qu'une gravure reprodui-
sant le château et le parc de Ferney: « Cher Monsieur, je crois que vous et votre aimable hôte pour-
riez faire vos dévotions dans cette chapelle... »

Au cours d'un dîner qui eut lieu en décembre
1898, j'ai prié M. Mézières de raconter à la compagnie les amusantes histoires d'un maire rural
(de la Restauration), qui, dans ses tableaux sta-
tistiques inscrit 55.451 œufs et demi à cause d'un
poulailler placé à cheval sur deux départements.
Et puis cet homme politique pleurant son ami
Bois qu'on enterrait. Pailleron se penche vers
Mézières, et murmure : « Voilà un cerf qui regrette
son bois ! »

Couplet de Mézières sur la métallurgie, très
prospère grâce aux droits protecteurs. Le mot
d'un industriel qui fait chasser un député : « Vous
me devez 28 francs (pour un permis de chasse) :
mais je vous dois plusieurs millions. »

Quelques galéjades dégoisées par Müntz et par
moi.

Le mari de Mme de Rocquigny est un économiste, fort silencieux. Chez Mme Fouquier, elle s'approche de lui, le touche et s'écrie plaisamment : « Dieu soit loué ! Il est vivant ! »

Dialogue de deux Belges : « Dépêche-toi donc ! — Mais je n'ai pas le temps de me dépêcher. »

Le domestique du fameux docteur Portal, à force de voir travailler son maître, avait imaginé de s'instituer lui-même médecin. « Et comment vous y prenez-vous pour réussir pareillement ? » l'interrogea-t-on. — Regardez dans la rue ; sur cent personnes, il y a quatre-vingt-dix imbéciles, à peine dix êtres intelligents. J'ai les quatre-vingt-dix, les dix autres sont pour mon ancien maître. »

X... a un pied-à-terre à Paris, 22 rue Pigalle. Un ami lui écrit, et sur l'enveloppe ajoute : « Les deux cocottes ! Passe pour une ! Mais deux, à ton âge ! » La concierge était furieuse.

Je rappelai aussi le distique qui fournit un bel exemple de rimes milliardaires.

Gal, amant de la reine, alla, tour magnanime,
Galamment, de l'Arène, à la tour Magne, à Nîmes.

J'ai rappelé un échange de propos entre Renan et Clemenceau. Ils parlaient de la pudeur. Clemenceau fait remarquer qu'elle suppose deux personnes. « Oui, reprend Renan, l'Eglise catholique accorde à chacun de nous un ange gardien, et une jeune fille craint de donner des tentations au sien. »

Quelque temps avant la mort du Président Félix Faure, une Grande-Duchesse dînait à l'Elysée. On

sert Faure le premier, l'altesse regarde son mari,
lève le doigt pour lui demander s'il faut sortir;
il fait le signe contraire. Le chef du protocole en
ayant entretenu le Président, il répond avec conviction : « C'est le protocole de Louis XIV. »

B... a eu un mot plaisant : « du Bled est tellement recherché qu'il faudra bientôt le servir à
ses amis en petits morceaux, à la cuillère. » La
marquise de Coigny répondait aux reproches d'un
parent : « Ne pourriez-vous me donner tout cela
en pilules? » Le même B... feignant de se tromper,
appelle Mme L... « Cette belle peinture Vélasquez. »
Elle habite avenue Vélasquez.

Pallain, directeur général des douanes, énu-
mère des ruses curieuses pour frauder l'Etat ; ainsi
le linoleum sous le cendrier de la machine pendant que le train s'arrête ; le mécanicien mettait
la dentelle sous le linoleum au moment de passer
d'un pays à l'autre. L'alcool jeté par un complice
sur un ruisseau, le camarade le récoltait sans peine
de l'autre côté de la frontière. Un douanier jette
par hasard une allumette enflammée dans la rivière ; celle-ci prend feu, donne l'éveil, met sur
la piste du délit.

16 juillet 1899

Grande conversation en tête à tête avec Mme Cartier, qui commence par une petite confidence.
Il s'agit d'un trait typique d'une Anglaise, dont
notre amie s'est engouée ; mais à l'usage, elle
reconnut qu'elle avait fait fausse route. Donc, au

temps de la lune de miel, Mme Cartier avait soigné pendant une grosse maladie cette étrangère qui savait assez bien se pousser et convaincre les profanes qu'elle avait du talent comme peintre de portraits, qu'elle possédait en son pays beaucoup de millions. Elle fit le portrait de plusieurs hommes politiques français et se faisait aider par des élèves d'un peintre célèbre. Elle avait aussi un truc : elle proposait à un ami ou demi-ami de faire gracieusement son portrait : celui-ci terminé ou en train, un beau matin elle écrivait à la victime qu'elle avait une lettre de change imprévue à payer et oubliant avec désinvolture son offre, elle demandait trois ou quatre mille francs pour prix de son travail.

Cette Anglaise voulant remercier Mme Cartier, lui avait fait don d'un très joli flacon. Vint la disgrâce. Un après-midi, elle aperçoit le flacon sur un guéridon, envoie son mari regarder un tableau, redemande le flacon pour quelque temps. Mme Cartier, amusée de ce cynisme vraiment grandiose, répondit avec bonhomie : « Non, pas pour quelque temps, gardez-le tout à fait ; il ne sera jamais aussi bien que chez vous. » Elle ne se le fit pas dire deux fois.

Les dîners intimes du mardi sont presque toujours suivis d'une partie de poker entre l'amiral Miot, Charles Ferry, Georges Michel, Tony Smet et Mme Cartier ; à cette partie où l'on fait des différences de deux à trois cents francs, j'assiste en spectateur.

Notre amie était très serviable. C'est ainsi que

Charles Ferry me dit que pour un haut fonction-
naire de province, elle écrivit à son frère Jules
Ferry une lettre qui se terminait par cette double
vérité : « Et si, mon cher ministre, vous le faites
venir à Paris, vous pourrez dire que vous aurez
en lui un républicain garanti bon teint. » Bon
teint ! il était teint, archi-teint, mais mal teint :
c'est de la mauvaise ouvrage et cette mauvaise
langue de Jean Lorrain lui a décoché ce sobriquet
assez plaisant : Le palais des illusions.

Mme B... qui a l'esprit gavroche, prétend que ce
personnage lui fait l'effet d'un essuie-plume et
que l'ayant pour voisin de table, elle avait peur
de l'encre. Ce jour-là, comme elle avait arboré
une robe claire piquée de notes noires, elle dit
assez drôlement : « Vous voyez, aujourd'hui j'ai
ma toilette de dinde truffée. »

14 janvier 1900

Mort de Georges Michel, un des meilleurs amis
de la maison, enlevé en quelques jours par une
grippe infectieuse ; il avait cinquante-six ans.
Mme Cartier, malgré mes prières, a voulu absolument l'accompagner au cimetière ; il faisait un
temps horrible, elle a pris froid, et n'a survécu
que cinq mois à Michel.

Depuis quelques années, elle était devenue tout-à-
fait conservatrice, ce qui ne plaisait guère à Charles
Ferry ; mais une vieille et fidèle affection, le poker
aussi, l'empêchaient de casser les vitres ; d'ailleurs
l'évolution de Mme Cartier ne l'empêchait pas de

soigner précieusement les vieux amis ; deux ou trois grondaient un peu, restaient quand même. Les ardeurs de la néophyte avaient pour contrepoids les dévouements de l'amie, la stratégie diplomatique de la maîtresse de maison.

Quelqu'un lui ayant cité la réflexion d'un anticlérical : « On a vite fait le tour des idées de Bossuet », elle remarque : « Les papillons font vite le tour d'un champ de blé. »

Catholique militante, Mme Cartier détestait Brisson qu'elle surnomma : le Crépuscule des Vieux. Et elle n'aimait guère non plus la vilaine engeance des arrivistes; l'un d'eux, jeune lettré malveillant, avait un sobriquet : Martingale ; on lui en parla : « Oh! dit-elle, plus gale que Martin. » Elle avait un goût assez prononcé pour les calembours, leurs diminutifs ou leurs augmentatifs. Le marquis Carlo de Menabréa lui parle d'un certain Savoirou, chevalier tireur de la Société de tir de Chambéry : « Il ne tire pas sans *savoir où* », sourit-elle.

Et puis aussi pour les mots drôles. Elle rit de grand cœur quand je lui rapportai la réflexion d'un gavroche, qui, au théâtre voit le jeune premier fort embarrassé pour emporter dans la coulisse l'amoureuse évanouie, très corpulente. Il crie du Paradis : « Emporte-la en deux fois! » Et cet autre titi, celui-là Toulousain, lorgnant deux personnages en scène, deux frères, l'un très grand, l'autre minuscule, et s'écriant : « Le grand a bu toute la crème! »

Elle épousait vivement les querelles de ses amis,

prenait plus au tragique qu'eux leurs petits ennuis, et ne pardonna jamais à Mme R... d'avoir dit à Müntz sur un de ses livres : « Vous avez trouvé le moyen d'être en même temps lourd et léger. »

Müntz! Il ne survécut que deux ans à Mme Cartier. C'était un être charmant, plein de talent, de bonté, qui peut-être aima trop le monde et la société des femmes. Il n'avait que cinquante-sept ans. Il donnait des matinées littéraires et des déjeuners intéressants. Hélas ! il avait terriblement maigri. Il m'écrivit en août 1902 une excellente lettre ; il avait passé six semaines dans une sorte de couvent de la Forêt Noire, et prétendait avoir repris de l'embonpoint. Il s'est fait incinérer, et m'avait averti de ses intentions ; ce n'était pas pour lui une question de foi ou de scepticisme, mais un effet de la crainte d'être enterré vivant : les macabres histoires de ce genre le hantaient.

A un déjeuner chez Eugène Müntz, en décembre 1898, Sir Charles Dilke a raconté des souvenirs de Bismarck, ce mot par exemple : « J'ai défendu le principe royaliste, et je ne sais pourquoi, car j'étais né républicain. La monarchie est un gouvernement de femmes : quand elles sont mauvaises, ça va mal ; quand elles sont bonnes, ça va de mal en pis. » Il ne pardonnait pas à l'impératrice.

Ce trait d'un général prussien qui lance à l'adresse de Charles Dilke : « Je n'aime pas les Anglaises. » Un silence. « Ma femme est Anglaise. » Nouveau silence. « La princesse royale est Anglaise. » Troisième silence. « L'impératrice est Anglaise. » Sir Dilke continua de rester impassible.

Encore une réflexion de Sir Dilke : « J'ai servi toute ma vie la royauté, et mon principal profit est d'avoir vu trois rois tout nus : ce n'est pas beau. »

Sir Dilke a une belle tête, et il réalise le type de l'homme distingué en tout genre.

Mardi 17 juillet 1900

Mort de notre très chère amie Mme Cartier. Tristesse infinie. Elle a voulu être embaumée.

L'enterrement a eu lieu le samedi 20 juillet au Père Lachaise, par une chaleur torride : M. Méline et moi nous avons parlé sur sa tombe ; j'étais si ému, que j'ai eu grand'peine à lire. M. Méline a surtout célébré le salon politique de Mme Cartier; j'ai parlé plutôt de l'amie, de sa foi religieuse.

Voici quelques lignes du discours de l'ancien président du Conseil.

« ... Elle meurt comme elle a vécu, loin de la foule insipide, entourée d'un cercle d'intimes auxquels elle a donné tout ce qu'elle avait de meilleur ; et elle reçoit aujourd'hui la dernière récompense qu'elle ait sans doute ambitionnée, celle de ne pas être enterrée comme tout le monde.

» Toute sa vie elle a eu horreur de la banalité, de la fausseté, du mensonge officiel, et c'est ce qui faisait le charme de son hospitalière maison. Elle avait trouvé le secret d'y créer un refuge bienfaisant et reposant pour les hommes emportés par les luttes de la vie, ou absorbés par de grands et

féconds labeurs. Les âmes hautes et fières se sentaient bien chez elles, parce qu'elle mettait au-
dessus de tout le culte des grandes choses, des
nobles et généreuses passions...

» Elle a pu ainsi, sans attirer l'attention et sans
faire de bruit, exercer une réelle influence sur les
hommes et les choses de son temps, influence de
rayonnement sans doute, mais bien souvent plus
puissante que l'action directe et autoritaire. On
respirait dans son salon l'air pur de la liberté et
du patriotisme, et on y faisait bon marché des
petites cabales du dehors.

» Il attira tout de suite Gambetta qui rencontrait
là un milieu ambiant si bien fait pour sa nature
généreuse et droite. Après Gambetta, ce fut Jules
Ferry, qui à son tour devint le centre de ce foyer
d'idées, captivant tous ceux qui l'écoutaient par
son immense érudition et ses inépuisables causeries sur l'art et la littérature, qui n'étaient pour
lui qu'une façon de détendre les ressorts de son
puissant cerveau.

» En même temps que lui et après lui, Challemel-Lacour, un vieil ami des heures tragiques de
la défense nationale, un causeur incomparable,
curieux de tout et au courant de tout, ravissait le
petit cénacle par les fusées éblouissantes de son
esprit si alerte, si vivant et si chaud. Cette nature
si fière, qui se livrait si peu, n'apparaissait sous
son vrai jour que dans ces soirées intimes dont
nous avons tous gardé la mémoire...

» Mme Charles Cartier avait trop d'expérience et
de tact pour tomber dans le pédantisme politique

dont elle avait horreur, comme de tous les pédantismes. Elle savait bien, d'ailleurs, que rien n'est plus détestable que la politique pure dans les relations du monde, et que la meilleure manière de mettre en fuite les hommes politiques, serait de les replonger dans le milieu violent dont ils sont si heureux de sortir.

» Aussi mettait-elle toute sa coquetterie à leur faire oublier leur enfer en les entourant de la société la plus variée et la plus raffinée... »

On me pardonnera, j'espère, de citer quelques lignes de l'adieu que je lui adressai :

« ... Sa vie et sa mort nous sont un sermon pénétrant, une leçon d'idéal, un appel permanent aux sentiments élevés qui forment le patrimoine moral de l'humanité ; cette existence fut très noblement remplie par les affections les plus pures, par la passion du devoir, l'amitié, l'amour du beau et du vrai...

» L'amitié! Elle en eut le culte et le génie. Ses parents devenaient ses amis par une douce sélection de l'âme ; ses amis d'adoption s'attachaient davantage à elle chaque jour, sachant qu'ils trouveraient auprès d'elle le réconfort, l'appui discret, efficace, le sage conseil qui illumine une situation, la parole sympathique qui dissipe la tristesse. Jamais ils n'ont été mieux assurés de son cœur que quand ils se sentaient malheureux, de ce cœur où elle renfermait tout, où rien ne se perdait : ils s'aimaient en elle. J'ai trouvé dans ce salon plusieurs affections qui dorent l'automne de ma vie

Comment évoquer le charme des réunions intimes, où la causerie s'embaumait en quelque sorte de tact et de goût, où l'on allait aux deux pôles du monde moral et intellectuel, où, chef d'orchestre habile, elle faisait le concert des esprits les plus opposés, réalisait une harmonie de grâce et de pensée... Sa ferme volonté, son activité infatigable, ne tendaient qu'à créer la plus grande somme de bonheur, d'affinités électives et de beauté morale. Lisant tout et retenant beaucoup, assistant à toutes les manifestations du talent, ayant en quelque sorte le don d'ubiquité parce qu'elle possédait l'ordre et la méthode qui sont les diamants de l'esprit, curieuse des belles sensations d'art, elle défendait avec ardeur ses opinions, comme on défend sa maison et sa vie, ne demandant pas au voisin ce qu'elle devait penser, jamais reflet, toujours rayon...

» Ainsi que ces femmes illustres du temps passé avec qui elle offrait tant de traits de ressemblance, elle gardait la pudeur de ses écrits, qu'elle ne signait point ; ils étaient appréciés de beaucoup ; quelques intimes seulement en connaissaient l'auteur. Nous savions aussi sa fidélité épistolaire, gage et argument de la fidélité du cœur. Elle nous faisait sentir qu'il n'y a de véritable, de profonde amitié que là où il y a dévouement, sacrifice, communication incessante de la pensée. Consacrer une heure de son temps à l'ami absent, c'est le préférer à soi-même pendant une heure, c'est lui donner une parcelle de sa vie...

» Adieu donc, noble amie, pour la patrie ter-
restre! Au revoir dans la patrie des âmes!»

Le surlendemain de l'enterrement de Mme Cartier, Jean Casati, son neveu, me dit : «Il y a eu,
avec celui de M. Méline, deux discours fort éloquents, le vôtre et les pleurs de Mademoiselle
votre fille. »

Chez Gaston Paris

Maître de conférences à l'Ecole des Hautes
Etudes, professeur au Collège de France, créateur
de *La Revue Critique*, membre de l'Académie des
Inscriptions, de l'Académie Française, Gaston Paris, continuant l'œuvre de son père, Paulin Paris,
acheva de constituer la science médiévale. Mais le
rayonnement de son talent ne s'exerçait pas seulement sur la jeunesse qui s'empressait autour de
sa chaire. Son salon qui méritera d'être cité parmi
les premiers de la fin du xixe siècle, ne saurait être
confondu avec aucun autre ; pour les Français
comme pour les étrangers, ce fut un titre d'honneur d'y être admis et d'y rencontrer des hommes
tels que Taine et Renan.

On peut se figurer l'intérêt des causeries du di-
manche où, parmi les fidèles, ceux qu'on appela
au xviiie siècle les pagodes, brillaient : Eugène-
Melchior de Vogüé, Albert Vandal, Paul Bourget,
J.-M. de Hérédia, Sully-Prud'homme, Albert
Sorel, F. Funck-Brentano, Paul Desjardins, Psi-
chari, Louis Havet, Georges Perrot. De loin en
loin, ou plus rarement, Anatole France, Jules
Claretie, Ludovic Halévy, Paul Hervieu, Edouard
Pailleron...

Le maître de maison excellait à grouper autour
de lui les personnalités les plus éminentes et les
plus diverses du monde littéraire ; il était doux et
accueillant aux jeunes, en qui il saluait l'avenir,

qu'il encourageait et réconfortait par des conseils salutaires, dont il devinait les soucis et provoquait les confidences.

Comme le remarque M. Albert-Emile Sorel, « nulle attention n'était plus engageante que la sienne : elle provoquait les confessions intellectuelles ; on la savait intelligente, on la sentait bonne ; elle était suggestive ».

C'est tout un art que d'écouter, d'allumer une discussion, de s'effacer ensuite, et de lancer à propos la note qui rend à l'intérêt d'un débat sa virginité : c'est presque la moitié de l'esprit de la conversation. Gaston Paris possédait en perfection ces deux moitiés ; il charmait également les femmes, les savants et les jeunes. Il était mêlé aux souvenirs, aux pensées, à la vie de chacun ; son cœur était sensible autant que son intelligence était hospitalière ; je puis ajouter que cette sensibilité ne s'appliquait pas seulement à l'amitié, mais le rendit parfois accessible aux envoûtements de l'éternel féminin.

Il riait rarement, souriait un peu plus, approuvait d'un mot une tirade éloquente ou spirituelle ; le visage impassible, le lorgnon en écaille, plié en deux, comme un monocle, dans l'œil droit, l'autre œil était perdu, la barbe grise, presque blanche, le front haut, le crâne bombé, de longs cheveux descendant sur le cou, de grande taille ; son physique ne répondait nullement à l'idée qu'on se fait d'un savant, mais, tout de suite, on se sentait en présence d'un être considérable.

Je l'ai connu chez Mme Aubernon qu'il s'amusait parfois à taquiner, lorsque les convives féminins avaient plus de talent que de joliesse, car il n'était pas loin de croire que la beauté et la jeunesse contiennent tous les dons, que le premier devoir d'une femme est de les réunir en sa personne, que les autres qualités sont d'humbles satellites surnuméraires.

Il m'avait très gracieusement invité à ses après-midi du dimanche, et je dois confesser à ma grande honte, que j'y suis allé trois fois seulement. Et cependant, après chaque séance, je me sentais ravitaillé, remonté d'idées nobles, originales, comme l'est un gourmand après un repas digne de Lucullus. Oui, mais... comme dit l'autre, « ça manquait de femmes ». Je comptais alors beaucoup d'amis recevant le dimanche, et qui m'eussent fait grise mine si j'avais oublié leur jour ; il y avait les concerts, tous les dimanches d'été promis à Mme Buloz. Et puis je me racontais à moi-même, en guise de circonstance atténuante, que ces belles causeries savoureuses, je les trouvais encore chez Taine, Renan, et ailleurs. Bref, je cessai de fréquenter ces matinées.

Mais, — nouveau motif de me pardonner mes défaillances, — je rendais parfois visite à Mme Gaston Paris, où m'échut une bonne fortune qui me consola de ma frivolité. La conversation étant tombée sur les chats, chaque visiteur rappela quelque anecdote sur la gent féline, je citai les chats de Mme Helvétius, de l'abbé Galiani, du baron de Gleichen, la jolie comédie de Scribe : *La chatte métamorphosée en femme...*

« Vous ne savez peut-être pas, intervint alors Mᵐᵉ Paris, que M. Taine adore les chats ? Il fait au besoin cinq ou six kilomètres pour aller voir un bel angora. Mieux encore, les seuls vers qu'il ait composés de sa vie ont pour héros les chats, douze sonnets philosophiques, s'il vous plaît ; il paraît que M. de Hérédia les a un tantinet corrigés. Ce qu'il y a de sûr, c'est qu'ils sont vraiment beaux. Moi seule, j'en ai une copie, ou plutôt c'est le manuscrit original. Voulez-vous les lire ? »

La compagnie ayant acquiescé avec enthousiasme, Mᵐᵉ Paris me donna une petite clef, avec laquelle j'ouvris un secrétaire ; dans un des tiroirs se trouvait le manuscrit. On me chargea de lire les sonnets, qui furent admirés comme il convient, et Mᵐᵉ Gaston Paris me permit d'en copier un, séance tenante, celui qui avait été jugé le plus rare.

Les Pénates

Prends ton ciseau, sculpteur ; polis ton diamant,
Lapidaire ; émailleur, fonds la pâte. Les belles
Que j'aime, les voici. Je les veux immortelles.
Eternise y pour moi leurs grâces d'un moment.

Sauvez-les de la mort par votre enchantement.
L'une est noire, ses cils couvent des étincelles ;
Le jaspe étoilé d'or me rendra ses prunelles,
Et le basalte noir, son corps souple et charmant.

L'autre est de jais, d'albâtre et d'ambre chamarrée.
Pour sa robe, taillez la roche bigarrée ;
L'émeraude fera la splendeur de ses yeux.

Et j'aurai, pour peupler mon intime oratoire,
Parmi mes dieux privés, deux Lares glorieux .
La Vénus tricolore et l'Aphrodite noire [1].

[1] Les sonnets de Taine, beaucoup plus tard, furent publiés par le *Figaro*, dans un numéro du samedi.

Chez Ernest Renan

Les vendredis de Renan, administrateur du Collège de France, les soirées de Taine, rue Cassette d'abord, puis rue Hamelin, présentaient cet avantage qu'on y rencontrait les femmes des savants, personnes distinguées en général, quelquefois jeunes et jolies ; il est vrai qu'elles étaient rarement coquettes, tout au plus pouvait-on aborder la question du flirt, à la manière des précieuses du xviie siècle, mais sans descendre du général au particulier ; telles du moins m'apparurent la plupart d'entre elles.

Cependant à la fin d'une soirée, quand on l'avait abreuvé de graves et solennelles dissertations sur des sujets abscons, le clan féminin ne dédaignait pas l'anecdote contemporaine, voire le cancan historique ou récent. Un soir, chez Taine, comme celui-ci, alors dans la gestation du premier volume des *Origines de la France contemporaine*, hésitait un instant sur la généalogie des Boufflers, Albert Sorel qui se trouvait là, proposa de m'appeler à la rescousse, et vint me chercher. J'étais dans le premier salon, avec les dames, nous rejoignîmes l'aréopage masculin, et, malgré mon émotion devant ces *grands bonshommes* comme dit une caillette de ma connaissance, encouragé par les signes multiples de satisfaction, je déroulai le *pédigree* des Boufflers, en leur rattachant une trentaine de mots, des vers dits par le fameux chevalier marquis ; si bien que Taine, dans un élan de sympathie qui me toucha profondément, me donna l'accolade en m'appelant « le premier anecdotier de France », et spontanément les dames me permirent de baiser leurs mains. Une d'elles avait gracieusement ajouté que cette soirée valait la journée des madrigaux chez Melle de Scudéry

Mme Cornélie Renan, fille du peintre Ary Scheffer, faisait avec une simplicité très digne les honneurs du salon de son mari. C'est là que j'ai connu Mme Bovves de Saint-Amand, née de Coysevox, une femme d'esprit qui eut trois maris et un salon agréable, bien qu'elle ne montrât pas toujours assez de discernement dans le choix de ses convives. Et je n'ai pas besoin d'ajouter que l'Institut, le Collège de France, formaient le principal appoint des soirées de Mme Renan.

Un membre de l'Académie des Sciences y fit une démonstration qui me donna et me donne encore une impression de vertige.

« Vous savez, dit-il en substance, que Stanley dans son fameux voyage africain, traversa une forêt de cinq cents lieues de long : c'était au temps où les arbres avaient toute leur frondaison. Stanley détache machinalement une feuille d'un arbre, remarque sur elle une petite enflure produite par un animalcule ; la forêt a ses microbes comme les êtres humains. Eh bien, notre globe terraqué, par rapport au système général du monde, tient aussi peu de place que la petite enflure par rapport à l'immense forêt. »

Cette comparaison nous causa une impression d'ahurissement.

Madame Henri Germain

J'ai rencontré Mme Germain chez Mme Buloz vers 1880 ; elle a bien voulu m'autoriser à venir la voir, et pendant trente-deux ans, j'ai entretenu avec elle des relations agréables, sans amitié, même sans intimité. J'allais aux fêtes qu'elle donnait avant le mariage de ses enfants, je lui faisais une ou deux visites par an, j'ai dîné quatre ou cinq fois chez elle, à Paris et à la villa Orangini (Nice), il y a eu des commencements d'affinités électives, nous en sommes restés aux préliminaires ; quelque boutade, quelque incident venait toujours se jeter dans ces velléités comme un chat dans une pelote de fil.

Elle n'avait pas l'esprit genre Rivarol, Dumas fils, Mme de Girardin : l'esprit sur les choses et non sur les personnes ; ce dernier n'est pas rare. Mais cette petite femme boulotte, aux bras courts, marchant à pas pressés, ni laide ni jolie, ni bien ni mal mise, possédait l'esprit de ses dîners, l'esprit de ses causeurs dont elle répétait avec entrain les traits ; et puis l'esprit de frottement, ce bagout qui trompe l'œil, se compose d'une foule d'agréables riens entendus, lus un peu partout, et, par leur masse faisant bloc, attirant sur celui ou celle qui les met en valeur l'attention, parfois même l'admiration et le respect des snobs, demi-snobs, quarts de snobs.

Elle eut une cour de grands fusils invités par

son mari, de lettrés, tels que Gabriel Hanotaux, Melchior de Vogüé, Paul Bourget, Gustave Lebon, Ferdinand Bac, Robert de la Sizeranne, Jacques Normand, Bergson, Binet-Valmer, Emile Ollivier, Maurice Brillant, et combien d'autres.

Tous la prônaient avec conviction, déguisaient ses défauts en qualités, ou les atténuaient avec un art infini. Que d'avantages déjà !

Songez aussi qu'elle posséda, au physique et au moral, le don d'ubiquité, que le démon de la curiosité logeait en elle, que toutes les premières littéraires, mondaines, musicales lui appartenaient de droit divin, qu'elle bridgeait avec passion, lisait beaucoup, causait inlassablement de tout, écoutait même les grands artistes de son orchestre intellectuel ! Et puis elle était la fille de Vitry, président de section au Conseil d'Etat du second Empire, la femme de Henri Germain, fondateur du Crédit Lyonnais, un des premiers financiers de son siècle, esprit fin, malicieux même, presque toujours grave, peu attirant au premier abord, probablement parce qu'il ne se souciait pas d'attirer, et que sa profession, comme celle de médecin, de confesseur, de chef d'Etat, met en état de défiance universelle ! Deux ou trois fois cependant je l'ai entendu causer avec agrément, toujours avec quelque réserve, en homme qui livre son esprit, jamais son cœur ni sa pensée intime.

Elle ne montrait pas, dans ses récits, le souci scrupuleux de la pure vérité, si bien qu'un de ses

amis d'enfance, C. B... agacé de cette déformation
continuelle, la lui reprocha vertement :

« Blanche, vous mentez », disait-il. Et elle voulait bien ne pas s'indigner de ces rappels à l'exactitude.

Au surplus il est si difficile de dire la vérité
tout entière sur tel ou tel fait! On ment de tant de
façons, par le geste, le sourire, le silence même
autant que par la parole ; on ment volontairement,
involontairement, par bêtise, manque de tact,
omission, lacune de récit, et tous les diplomates
savent qu'on peut fabriquer un rapport absolument mensonger rien qu avec des pièces de tous
points authentiques.

Elle s'étendait plus volontiers sur les sujets de
critique que sur ceux d'admiration. Dans les premiers temps de mes relations avec elle, elle attaqua
devant moi des amies intimes, leur prêtant des
actes, des mots très éloignés de leur caractère. Je
les défendis avec une extrême vivacité, oubliant
cette fois que Mme Geoffrin commande de se taire
en pareil cas, afin de ne pas fournir d'aliment à
la discussion; mais je préférais le système de Doudan qui veut qu'on ne concède rien sur les êtres
aimés.

Elle cherchait visiblement à me mettre hors des
gonds ; je le sentais, mais ne voulant pas rompre
d'une semelle, je finis par lui reprocher de cou-
vrir de sa grande autorité mondaine les billevesées
des sots et des envieux. Et comme elle soutenait
mordicus, sans preuve solide d'ailleurs, qu'il
s'agissait, non de calomnies, mais de médisances,

je finis par riposter que je ne répéterais pas ses propos, mais qu'ils ne manqueraient pas de venir aux oreilles des intéressées, car elle ne se gênerait pas pour les tambouriner de tous côtés, et qu'elle pouvait prévoir le résultat.

« Au reste, Madame, tout le monde sait que vous tenez à la fois le record de la méchanceté et de l'esprit. »

Elle me toisa en riant, et articula vivement :

« Je ne suis pas méchante, je suis sincère.

— Il y a tant de manières de comprendre la sincérité ! Rappelez-vous, Madame, la moralité d'une fable de La Fontaine : *Mieux vaudrait un sage ennemi.* »

Je contai l'incident à un moraliste qui ne fréquentait pas chez Mme Germain ; il opina qu'elle ne m'en voudrait point, parce que j'avais mis l'esprit sur la même ligne que la méchanceté.

Ses intimes affirment qu'elle était obligeante, charitable même sur les points essentiels, qu'elle cachait ses générosités avec autant de soin que d'autres les tambourinent : je n'y contredis point, et avec eux je reconnais qu'en musique, en histoire, en finances, elle eut des clartés supérieures à celles de la moyenne des femmes. Certes, c'était plutôt une érudition de dictionnaire ou de guide Joanne, une accumulation qu'une assimilation ; encore faut-il en savoir gré à sa propriétaire. Ceci achève d'expliquer pourquoi, malgré ses coups de langue, elle se brouilla relativement peu, pourquoi elle eut un salon achalandé.

J'ai retenu, rapporté par elle, le mot d'une

beauté automnale à sa nièce, après un examen attentif. La nièce venait de franchir le cap de la trente-cinquième année :

« Ma petite, c'est le moment d'avoir de l'esprit. »

Elle appelait assez drôlement l'amant : *un extra*.

Mme Germain mourut en 1913, à Biarritz, d'une urémie. Deux jours avant, elle refusait de décommander un dîner de douze personnes. Les Hano taux, ses grands amis, arrivèrent quelques heures trop tard.

Comtesse Greffülhe née Caraman-Chimay

Présidente de la Société des Grandes Auditions,
la comtesse Greffülhe possède le sens, le don des
généreuses initiatives, organise à grands frais des
représentations wagnériennes au théâtre du Château d'Eau (*Le Crépuscule des Dieux, Tristan et
Yseult*, etc.) ; grâce à elle, on a pu reprendre *Man-
fred*. Très belle, grande fortune, elle a une cour
de lettrés, Gabriel Hanotaux, Robert de la Sizeranne, Jules Roche, André Lacroix, Fournier-Sar-
lovèze, Izoulet. On prétend qu'elle veut faire nommer son mari ambassadeur. Celui-ci d'ailleurs, ne
serait nullement déplacé dans une ambassade ; on
ne le rencontre guère dans le salon de sa femme,
mais ses intimes le considèrent comme un homme
très distingué; n'en déplaise aux logiciens abso-
lutistes et aux mauvais plaisants, le goût des sports
peut fort bien se concilier avec celui des arts et
des lettres.

La passion musicale attire à Mme Greffülhe beaucoup de sollicitations; elle joue en quelque sorte
le rôle d'une surintendante d'art musical; je me
rappelle lui avoir recommandé le comte d'Aze-
vedo, diplomate portugais, auteur d'un grand
opéra qu'il désirait vivement faire entendre. Elle
est accablée de requêtes de ce genre, subit des
auditions multiples chez elle ou ailleurs.

« Que de corvées, soupire-t-elle, mais quelle
joie quand on découvre ou quand on croit décou-

vrir une belle œuvre! Que de soins nécessaires pour ménager la vanité de ceux qui vous apportent un vieux rossignol! Que de démarches auprès des *impresarii* pour triompher de leurs méfiances et de leurs partis pris! Que de tapeurs aussi dans la foule des quémandeurs! »

Certes les Mécènes ne sont pas toujours sur un lit de roses, et cette mission bénévole a ses épines, ses lourdes croix, sans parler de l'ingratitude qui trop souvent récompense les plus nobles efforts. Les démarches qui ne réussissent pas, les bienfaits qu'on ne continue pas font des ennemis.

Mme Greffülhe connaît l'*univers et sa femme*, pour parler comme certaine princesse russe ; son salon est littéralement pris d'assaut par une foule d'amis du premier et du second degré, et c'est à peine si on peut adresser quelques paroles à la maîtresse de maison qui, avec une parfaite bonne grâce, essaie en vain de se *multiplier*.

On causait avec tout le monde, sauf avec elle : j'ai fini par m'éloigner, non sans regrets ; mais j'avais déjà beaucoup trop de relations, et je me sentais trop vieux pour tenter de franchir lentement les degrés qui séparent la sympathie bienveillante de l'intimité.

C'est une âme élevée, attachante sous bien des aspects. Elle a parfois trop d'élan et son esprit est assez indiscipliné. Elle a dit, par exemple, à un de mes amis qui cultive tous les arts, y compris celui de la galanterie :

« Oh! vous mon cher T..., vous êtes le triomphe de l'à peu près en tout genre! »

Il y a en elle un mélange de gavrochinette et de reine très adulée, assez portée à croire qu'elle a le droit de tout dire. Signalons d'ailleurs à son actif qu'elle n'aime pas les conférences dans la conversation ; les gens à monologues l'agacent, et elle a toujours envie de les arrêter par une espièglerie ou quelque question en apparence déférente, ironique en réalité.

Un de ses innombrables mourants m'écrit :

« A Bois-Boudran, l'autre dimanche, la comtesse recevait une floppée bariolée d'intimes qui déjeunèrent et dînèrent. Comment, pendant onze heures consécutives, distraire ces intellectuels ou ces désœuvrés en mal de plaisir? Rivarol lui-même et les médisants professionnels n'y suffiraient point. On improvisa des charades d'une fantaisie abracadabrante, on recourut au jeu des petits papiers : ceux qui avaient lu, et surtout retenu le *Livre d'Or de la comtesse Diane* — ils n'étaient pas nombreux — récoltèrent des moissons de bravos. Et çe ne fut pas non plus un ordinaire spectacle de voir un secrétaire d'ambassade, en redingote et chapeau haut de forme, conduisant solennellement au bout de sa ficelle la plus belle oie de la basse-cour.

» La comtesse ne déteste pas l'originalité ; elle dirige la mode plus qu'elle ne la suit. Au mariage de sa fille avec le duc de Guiche, sa toilette fit sensation, au point qu'on en parla plus de quinze jours dans les salons. Elle avait, me dirent plusieurs amies, un chapeau étourdissant. « Personne autre qu'elle n'aurait osé l'arborer, nous aurions été ridicules, mais les modistes et les hommes la trouvèrent unique ; et nos réserves, si nous les avions formulées, eussent paru dictées par la jalousie ou l'esprit de routine. »

Sa fille, très distinguée, adorant la littérature, la poésie, a une excellente mémoire.

N'est-ce pas à la comtesse Elisabeth Greffülhe que le roi de Suède adressait ce compliment digne de son prédécesseur Gustave III qui correspondait avec nos spirituelles grandes dames de France :

« Il sied quand vous voyagez, de vous recevoir comme un ambassadeur, car vous êtes l'ambassadrice des Muses et des Grâces auprès de toutes les puissances de la terre. »

Le comte Greffülhe, à son tour, imagine des galanteries cynégétiques dignes des maîtres du xviiiᵉ siècle en raffinements d'hospitalité. Pour recevoir deux Altesses étrangères, il a fait venir de Hongrie, par grande vitesse, quatorze mille perdreaux, et pendant toute une semaine les gardes les ont poursuivis dans toutes les parties de la propriété, afin de les habituer au pays, en même temps de les rendre fuyards, d'en faire ce qu'on appelle de *beaux oiseaux*, difficiles à atteindre : tandis que dans certaines chasses, le gibier, apporté le matin même de la battue, a des indolences de volaille de basse-cour. Chaque perdreau hongrois revenait à cinq francs.

Monsieur et Madame Dieulafoy

Mme Jane Dieulafoy ne s'est pas contentée de
ses succès d'exploratrice ; elle a voulu aussi être
auteur dramatique et romancier ; maîtresse de
maison, elle a affirmé sa forte et originale volonté,
une volonté toute parfumée de bonté intelligente.

Sur le théâtre de la rue Chardin, elle n'accueil-
lait que les choses rares, à peu près injouées. Cinq
ou six fois l'an, on y vit renaître des idylles de
Théocrite, des comédies d'Aristophane, de Calde-
ron, des mystères du moyen âge; un jour, *Les deux
Billets* de Florian; *Défiance et Malice* de Michel
Dieulafoy, que Napoléon Ier fit plusieurs fois jouer
aux Tuileries ; un autre dimanche, *La Sulamite*,
tirée du *Cantique des Cantiques*, par Melle Elisabeth Shaler, musique d'Urbain Leverrier ; ou bien
encore quelque comédie persane, chinoise. Les
collaborateurs : des confrères de son mari, membres de l'Institut, qui mirent au point les mystères : l'un d'eux, avant chaque représentation,
faisait une conférence sur la pièce. Les acteurs :
M. et Mme Claretie, MM. Alphand, Joanne, Soulier,
Rameau, etc.

M. et Mme Dieulafoy ne s'en tiennent pas là, et
joignant l'enseignement à l'exemple, ils ont publié le *Théâtre dans l'Intimité*. On y trouve cinq
pièces jouées chez eux, avec les causeries qui les
ont précédées, des commentaires pittoresques sur
le costume grec antique et le costume israélite, des

conseils pratiques pour installer presque sans frais
un théâtre de salon.

Mme Dieulafoy était infiniment charitable en paroles et en actions, estimant qu'il ne faut pas cri-
tiquer non seulement pour ne pas être critiquée,
mais parce que la satire, la méchanceté se glissent
presque inévitablement sous le couvert du jugement que l'on croit le plus impartial.

D'ailleurs, remarquait-elle, la vérité, même atté-
nuée, effraie ceux qu'elle habille ou déshabille,
comme les gendarmes effraient les voleurs.

A ses yeux, il fallait donc, pour obéir à la loi
divine, aimer les autres comme on s'aime soi-
même.

Nous ne lui connaissions pas de défauts ,
mais elle rompait en visière aux préjugés, ou si
l'on veut, à l'étiquette mondaine, sur un seul
point : le costume ; elle s'habillait en homme, et,
pour des raisons les unes puériles, les autres res-
pectables.

Cette habitude, prise à la suite de ses longs
voyages en Perse, probablement pendant ceux-ci,
choquait beaucoup de personnes, même parmi
ses proches et la désignait aux lazzis des Forain
de son époque. Lentement, très lentement, elle
parvint à désarmer les préventions, pas toutes,
et l'on ne saurait s'étonner des obstacles qu'elle
rencontra.

« Il y a quelqu'un, a-t-on dit, qui a plus d'esprit
que Voltaire, c'est tout le monde. » Maxime parfaitement fausse en principe, car certains êtres ont
raison contre tous les siècles. Mais le monde a

sa morale, débile, capricieuse, absolue, pendant tout le temps que durent ses décrets.

J'avoue que j'ai, moi aussi, partagé l'impres sion générale. Après tout, les vêtements sont les gardiens des convenances, et la première des convenances consiste pour une femme, à avoir l'aspect d'une femme, pour un homme l'aspect d'un homme. Se travestir matériellement indique, pensai-je, une fâcheuse tendance à se travestir moralement, à jouer des rôles divers, et, parmi ces rôles, n'y en aurait-il pas qui rentrent dans le répertoire d'Eutrapel?

Mme Dieulafoy était de petite taille ; j'éprouvais une espèce d'agacement, dans les dîners où nous nous rencontrions, en voyant ce petit monsieur marcher à pas menus aux côtés de sa voisine de table sans lui donner le bras, et d'une voix douce, flûtée, murmurer des compliments à l'adresse des uns et des autres.

J'avais plusieurs fois décliné ses invitations, ou, lorsque j'avais accepté, j'appelais à mon aide un rhume subit, une « tuile » imprévue pour me dégager. Mais un soir, chez Mme Arman de Caillavet, j'étais placé à côté d'elle, et presque au début du dîner, elle me demanda ce que j'avais contre elle. J'ânonnai de vagues prétextes. Elle insista, et fit si bien, que mes scrupules s'évanouirent. Ma longue résistance n'aboutit qu'à me rendre un des fidèles, autrefois on eût dit un des dévots de son salon. Je continuai de blâmer cette excentricité du travesti, mais, puisque, règle générale, il n'y a que des exceptions, et puisque la logique n'est

au fond qu'un exercice de rhétorique, j'exceptai
Mme Dieulafoy, et j'eus entièrement raison.

En vérité, le ménage Dieulafoy, si disparate au
physique, se fondait dans une complète harmonie
de caractères, à tel point que ces deux êtres semblaient n'avoir qu'une seule âme, qu'ils portaient
en eux et communiquaient autour d'eux un soleil
moral, une sensation de bonheur, de paix et
d'idéal. Ils aimaient le monde, le travail, ne se
quittaient guère, croyaient à la bonté, savaient la
faire aimer.

Mme Dieulafoy parlait volontiers, écoutait plus
volontiers encore, et dans sa causerie, forte de
choses, d'observations pénétrantes, on respirait
tous les parfums exotiques de ses voyages.

Je me rappelle une soirée où, chez Mme de Beaus-
sacq, elle égrena des souvenirs sur la Perse, et
jamais je ne compris mieux que les livres disent
une chose, les yeux une autre.

Mme Dieulafoy avait une mémoire très ornée, et
discourait agréablement sur les mesnévis, ghazels,
quacidé, robaï et autres formes de la poésie persane. Nous causions des systèmes, des doctrines
que l'homme adopte successivement et qui ne
comblent point le vide de son âme. Elle se rappela soudain ce mesnévi symbolique :

Le prince dit à son bouffon :
« Dans la précipitation, tu as demandé en ma-
riage une courtisane. Il fallait d'abord me consul-
ter ; je t'aurais fait épouser une femme vertueuse.
L'autre repartit :

— J'ai pris neuf épouses modestes et sages ; elles sont devenues libertines, et m'ont fait dépérir de chagrin. Cette fois, j'ai choisi cette prostituée en connaissance de cause, afin de voir ce qu'il en adviendrait finalement. »

— Et moi, conclut l'auteur du mesnévi, j'ai aussi beaucoup éprouvé la raison : dorénavant je vais chercher un champ où la folie puisse vaguer à l'aise.

Puis, comme elle échafaudait une conception du bonheur asiatique, je rappelai celle des Chinois : « Puissiez-vous connaître les trois bonheurs, longévité, paternité et mandarinat! »

Et ce petit quatrain, bien pensé, mal rimé, de Kerivalent :

> La fortune envers les humains
> Est plus égale qu'on ne pense
> Les uns ont la crainte et les biens,
> D'autres les maux et l'espérance.

Un jour, elle conta que son beau-frère Dieulafoy avait guéri une de ses clientes en la mettant à l'eau de Vals, ensuite, et toujours sans nommer les masques, la réflexion d'un sceptique à un avare qui geignait : « Il est dur d'avoir à donner un concert.

— Et de le recevoir, donc! »

Je la comparai à Melle de Lamoignon qui voulait qu'on ne dît du mal de personne, pas même du

diable, la scandalisai un peu en répétant. l'exclamation de Saint-Alphonse Colino à propos des
mille trois de don Juan : « Voilà un gaillard qui a
dû laisser une jolie fortune! » et fis ma paix avec
elle en citant une belle pensée de Saint-Marc Girardin : « L'homme ne s'appuie que sur ce qu'il
n'a pas créé. »

Mesdames Charles Floquet, Mathilde Charras, Jules Ferry

Les deux sœurs, la nièce, trois femmes distinguées, patriotes ardentes, d'une haute valeur morale, eurent des salons à leur image, des salons où la conversation prenait naturellement un tour élevé, où l'on ne faisait pas étalage de dévouement à la République, mais où on le prouvait, ce dévouement, par des sacrifices discrets, continuels à la chère Alsace, petite patrie des Kestner, à la grande patrie aussi.

J'ai souvent remarqué que la noblesse de l'âme, la dignité du caractère, étaient en raison inverse de la vantardise et des prétentions affichées. Quand vous entendez un financier célébrer à tout propos sa loyauté en affaires, un quidam vous jurer qu'il est un bonhomme tout rond, un politicien attester l'incorruptible pureté de ses principes, méfiez-vous, neuf fois sur dix ce sont là des amorces pour les gogos.

Mmes Floquet et Charras donnaient la charmante sensation de petites marquises de l'Ancien Régime; elles avaient l'air de s'échapper d'une toile de Watteau ou de Fragonard, et d'ailleurs elles appartenaient à la haute aristocratie républicaine.

Oui, Mmes Charras et Floquet étaient très jolies, affinées par le culte des lettres et des arts, envieuses de toutes les manifestations du beau ; leur causerie était solide, variée, agréablement documentée ; on les quittait avec l'impression qu'on n'avait pas perdu son temps, et leurs jugements remuaient dans l'esprit de l'interlocuteur les idées endormies, charmées de s'épanouir et de prendre leur vol.

La présidente du comité des dames de l'Association générale d'Alsace-Lorraine, la veuve du colonel Charras, apporta dans une mission si difficile le tact qui dénoue les questions embrouillées, l'art de louvoyer en face de l'ombrageuse domination allemande, cette lumière supérieure que Jules Ferry appelle : « la clarté des jours d'épreuve », la piété souriante que lui inspirait la formule de son mari : « La patrie est une mère. On lui doit tout... »

Prince Roland Bonaparte
et Princesse Jeanne Bonaparte
Marquise de Villeneuve

Membre de l'Académie des Sciences, Président
de la Société de Géographie, généreux mécène de
nombreuses fondations littéraires et scientifiques,
le prince Roland Bonaparte a connu les jours difficiles, comme tant de ces napoléonides qui, tour à
tour, ont gravi le calcaire des pires misères, goûté
l'enivrement des grandeurs et des apothéoses.
Peut-être parce que sa jeunesse n'a pas eu tout son
rayonnement, parce qu'il vit son père souffrir de
l'espèce de demi-disgrâce qui l'enveloppait sous
le second Empire, de la réprobation, assez peu
justifiée, qui pesa sur lui après le meurtre de
Victor Noir ; sa mère eut à peiner pour assurer
à ses enfants un bien-être précaire : pour cette
raison peut-être, il a mieux que d'autres le sens
de la pitié intelligente et fraternelle, qui après
tout est une justice dans son essence la plus noble,
et aussi un des remparts de l'ordre social, le meilleur moyen de désarmer l'irritation des humbles
contre leur propre détresse, contre la loi d'airain
de la fatalité économique, contre les scandales des
fortunes mal acquises, ou mal dépensées.

Son père, le prince Pierre Bonaparte, avait été
exclu de l'héritage impérial, comme son grand'
père Lucien l'avait été à cause de son mariage avec
Alexandrine de Blezchamp.

Un jour le prince Pierre sollicita l'assentiment de Napoléon III pour épouser Justine-Éléonore Ruffin, fille d'un contre-maître, princesse par la beauté, l'âme et le courage : l'Empereur imita son oncle, et le prince Pierre se maria secrètement.

La princesse et ses enfants m'ont honoré de leur amitié, et rien ne m'a plus frappé que la simplicité avec laquelle celle-ci, en 1890, me conta, pendant une visite, sa rude odyssée après la mort de son mari, le magasin de modes crânement ouvert en Angleterre à l'exemple des nobles émigrés d'autrefois, l'intervention de Gambetta qui lui fit parvenir mille francs dans une heure de détresse, le lycée Bonaparte ouvert par Victor Duruy à son fils qui allait y conquérir l'épaulette de Saint-Cyr, sa fille dessinant, gravant pour les journaux illustrés, exposant au Salon et signant ses œuvres en toutes lettres, sa fière devise : « Il faut vouloir vivre et savoir mourir », enfin le port après la tempête, le mariage du prince Roland avec Melle Marie Blanc, devenue l'amie de sa Jeanne au cours de dessin, la traitant comme une sœur, et le mariage de celle-ci avec le marquis de Villeneuve.

Elle revenait souvent sur le passé, car elle avait peut-être l'orgueil de sa persévérance, de son bonheur final, mais elle ignora toujours la vanité, ce sentiment des parvenus. Hélas! il y a tant de parvenus de cœur et de caractère, même parmi les fils et les petits-fils des arrivés!

Une réception intéressante dans ce salon fut la fête donnée en l'honneur de l'explorateur Nansen, un géant blond, mince, aux yeux clairs, perçants, donnant étonnamment la sensation des Vikings, ses ancêtres ; il ne lui manquait que leur costume.

J'eus la bonne fortune de causer assez longtemps avec lui, et dus sans doute cette faveur à ce que je donnais le bras à la princesse Jeanne ; et puis j'étais assez bien documenté sur les poètes et romanciers scandinaves.

Nansen parla avec une précision colorée de ses prodigieuses randonnées vers le pôle Nord ; et nous eûmes le frisson quand il conta les deux mois passés sous une maison de neige, avec soixante degrés de froid, l'effort énorme qu'il fallait faire pour aller trouver son camarade dans l'autre maison, à quelques pas de là.

« Et, demandai-je, pensez-vous tenter de nouveau cette incomparable aventure du pôle?

— Non, dit-il simplement ; je n'ai plus la force physique nécessaire : j'ai dépensé là-bas en quelques mois, presque tout mon capital d'endurance. D'autres feront mieux, atteindront le but. J'ai fini ma journée. »

Nous sentions que sa parole résignée cachait un profond, un amer regret.

Les déjeuners du prince me plaisaient infiniment et pour les convives, et pour le festin lui-même : je n'ai pas caché que j'étais ou croyais être gourmet. Or, la cuisine est excellente au palais de la place d'Iéna, et une originalité de ces agapes consiste à servir debout une espèce d'attendillon, d'apéritif préparatoire, sur une table où figurent toutes les variétés de hors-d'œuvre, tellement copieux, qu'on se demande comment on pourra

faire honneur à la cuisine française que l'on déguste assis, au bruit charmant, non d'un orchestre, comme font beaucoup de restaurateurs et certains maîtres de maison qui veulent déguiser l'indigence de la causerie, mais au bruit des paroles
éloquentes ou spirituelles qui crépitent de toutes
parts.

La princesse Jeanne Bonaparte a été certes une
des femmes les plus accomplies de notre temps.
Grande, très belle, d'une beauté de camée, qui
fait penser aux portraits de Velasquez ou de Van
Dyck, bonne sans philintisme, bonne dans ses paroles, ses actions et ses silences, parfaite mère de
famille, maîtresse de maison et femme du monde,
simple avec simplicité, et toutefois portant en elle
quelque chose qui inspirait le respect aux plus
hardis, elle avait des clartés de tout, l'esprit de
tact qui se proportionne à l'interlocuteur ou à
l'interlocutrice.

A ses soirées du jeudi, 75, rue de Prony, on ne
jouait pas, on ne dansait pas, et les snobinettes
n'avaient d'autre ressource que le caquetage élégant, avec un merveilleux buffet, où s'épanouissaient les gâteaux, petits fours et boissons les plus
tantalesques.

D'ailleurs, ce festin debout ne charmait pas seulement les belles dames, et je me rappelle qu'un
certain savant y faisait des stations prolongées, si
bien qu'il semblait n'avoir pas dîné, et qu'il partageait avec trois ou quatre autres mondaines ou
mondains le sobriquet de « Phylloxéra des buffets ».

On rencontrait dans les salons de la princesse beaucoup de gens distingués, et je n'y suis jamais venu sans entendre des mots dignes d'être retenus.

C'était une marcheuse infatigable ; pendant sept ou huit ans, elle fit souvent, en belle saison, à pied, avec quelques amis épris comme elle de ce sport, la course de Paris à Versailles, seize bons kilomètres, excusez du peu ! On déjeunait solidement à Versailles, et parfois l'on revenait *pedibus cum jambis.*

J'accompagnai un jour la princesse, mais j'avoue que je ne fus pas tenté de recommencer ; la promenade était vraiment un peu sévère : sur une grande route, même avec la plus belle princesse du monde, mais sans le mirage de la chasse ou d'un paysage pyrénéen.

... Elle est morte, jeune encore, universellement regrettée et admirée. Son mari était un homme de valeur, peut-être même de talent, assez froid d'apparence, en général silencieux, observateur aigu. On se demandait ce qui se cachait derrière ses yeux singuliers et inquisiteurs.

Je finis par deviner ; si l'on ne peut comprendre tout des caractères, du moins a-t-on parfois des révélations qui éclairent certains coins des âmes les plus fermées. Le marquis de Villeneuve se concentrait, se recueillait pour écrire une histoire des Villeneuve, une des plus considérables familles de la Provence. Il y avait autre chose : il était alors (il vit encore) théosophe; les problèmes de l'occultisme le tourmentaient, ou plutôt l'enveloppaient, car il m'en parla un soir avec

une certitude imperturbable qui ne m'étonna pas
trop, les occultistes croyant tous avoir le don de
l'infaillibilité pour le moins autant que les con-
ciles œcuméniques.

Et enfin ce goût de l'observation s'appliquait à
un autre grand travail entrepris, et continué inlassablement ; il écrivait au jour le jour ses mémoires, collectionnait les moindres documents
mondains, il avait des secrétaires pour l'aider, et
petit à petit ces écritures formèrent de grands
cahiers ou registres. Il doit y en avoir beaucoup.
Il m'en a lu une vingtaine de pages dans un jour
d'abandon ; le travail m'a paru intéressant, bien
écrit. Pendant la guerre, il m'a déclaré que ses
mémoires ne paraîtraient que cinquante ans après
sa mort. Tant pis pour nos jeunes gens ! Tant
mieux pour leurs enfants !

Madame Gillou

Mme Gillou était la femme d'esprit d'une so·
ciété ultra-gaie, dont il a déjà été question. Les
salons des Godillot, des Ménier, des Raffard
et Cie furent aux salons corrects, comme le
Tintamarre aux *Débats*, une bouffonnerie de
Tristan Bernard au *Cid* de Corneille, Debureau à
Talma. Ils établirent une véritable surenchère de
fantaisies burlesques, jetant l'argent et le bon goût
par les fenêtres, donnant des bals de vidangeurs,
d'apaches avec mystifications paroxistes, cambrio-
lages simulés, établissant un perpétuel steeple-
chase vers le plaisir à outrance, et, très honnêtes
sans doute pour les vertus essentielles, ne réflé-
chissant guère à l'impression que les envieux, les
critiques grincheux pourraient ressentir et col-
porter en face de cette sarabande de gestes et de
paroles.

Mme Gillou, avec son collaborateur Dutillet, four-
nissaient les revues, qu'on jouait d'abord chez
elle, des revues au picrate, très amusantes aussi,
supérieurement jouées par le mari et quelques
autres comédiens de société ou par des professionnels.

J'avais été présenté par Mme Bréguet, sœur de
Mme Durand, celle-ci proche parente de la maîtresse de maison : ces revues, les joyeusetés qu'on
entendait éclore, me divertirent beaucoup pen-

dant quelque temps, et je regrette, je le confesse, qu'on n'ait pas publié ces farces littéraires, qui rappellent le théâtre grivois de Collé, de ses imitateurs d'aujourd'hui. Je retrouve dans mes notes ces couplets, ceux-là relativement anodins, dits par Georges Berr, et applaudis à tour de bras :

La Gascogne (sur l'air *Boudin-Boudin*) :

Bien que c'club soit un club français,
On y reçoit beaucoup d'Anglais,
Et on y voit faire aux Anglais
Ce qu'on y voit faire aux Français !

En général tous les Anglais
N'y parlent pas très bien français.
Mais en revanche les Français
Y parl'nt encor' plus mal anglais !

Cependant beaucoup de Français
Prennent Janzé pour un Anglais,
Tandis qu'il arrive aux Anglais
De prendr' Barclay pour un Français.

On dit que les femm's des Anglais
Y flirtent avec des Français,
Pendant que les femm's des Français
Y flirtent avec des Anglais.

Il en résult' que les Français
Sont pères de petits Anglais
Aussi souvent que les Anglais
Sont pères de petits Français.

Et voilà pourquoi les Anglais
Se mettent du Polo Français,
Et voilà pourquoi les Français
Reçoiv'nt au Polo les Anglais !

En mars 1898, Mme Gillou voulut monter du plaisant au grave, et pour sa fête, elle eut l'idée bizarre de composer un mélodrame, représenté sur un théâtre loué tout exprès et que ses acteurs, son mari, Bertrand Ravaut, etc... jouèrent presque en charge, un peu comme fit Frédérick Lemaître pour l'*Auberge des Adrets*. Elle avait invité le ban et l'arrière-ban de sa société ; ce fut peu goûté. Le silence général, leçon des rois et des auteurs mondains, avertit cette aimable femme qu'elle avait forcé son talent, et devait rester dans sa spécialité.

Mme Fenwick, fille de Mme Gillou, est comme celle-ci, une incorrigible diseuse de propos débridés ; d'ailleurs mère de quatre enfants, et excellente femme. A Trouville, un monsieur présenté, ayant observé, au cours de la causerie : « J'ai beaucoup connu Madame votre mère », elle repart : « Pour un peu vous diriez que vous êtes mon père ! »

Un Salon spirite

Dans la dernière partie du xixᵉ siècle, le spiritisme eut un grand salon, celui de lady Caithness,
duchesse de Pomar, que ses amis regrettèrent vivement pour la beauté de son âme et la grâce
de son hospitalité. Que de fois n'ai-je pas entendu
des mondains, des indifférents soupirer :

« Eh bien ! Cette pauvre duchesse est morte !
C'est grand dommage ! »

Quel éloge dans un pays où Musset disait, à propos de la Malibran morte depuis huit jours :

> Sans doute il est trop tard pour parler encore d'elle !

La duchesse de Pomar était une fervente de
l'occultisme : auprès d'elle se groupaient force
spirites, mages, thaumaturges sincères, mytho-
manes et fumistes. Elle avait fondé une revue,
l'*Aurore*, et publié quatorze volumes ou brochures
tels que la *Théosophie d'Orient et d'Occident*, l'*Ou-
verture des Sept Sceaux*, écrits en style d'apoca-
lypse. Elle avait rencontré son chemin de Damas,
comme elle le raconte longuement, après une
visite au Château d'Holyrood, expédition nocturne
accomplie dans des conditions bien propres à hal-
luciner une âme romanesque.

Ses flatteurs n'eurent pas de peine à lui persuader que Marie Stuart était incarnée en elle, ou,
du moins qu'elle, duchesse de Pomar, servirait
d'intermédiaire entre la belle reine et les scepti-

ques ou demi-sceptiques qu'il fallait convertir ;
ces mêmes courtisans lui découvrirent une ressemblance extraordinaire avec la reine : c'était la
comédie des *Ménechmes* à l'usage et pour le plus
grand avantage du monde ésotérique.

En tout cas, elle se sentait, se déclarait pleinement heureuse, avoir conquis la sérénité par la
foi. Son imagination débordait sans doute dans
son cerveau, mais avec quelle bonhomie touchante, avec quelle conviction généreuse, et quelle
recherche passionnée du bon, du beau et du vrai !

Comme la moquerie ne perd jamais ses droits,
d'aucuns virent en elle une espèce de coquette
mystique qui, après avoir perdu sa beauté, se consolait de ne plus inspirer des flirts humains en
flirtant avec l'invisible.

L'hôtel de l'avenue Wagram, appelé Holyrood,
était consacré à Marie Stuart, considérée comme
une sorte de divinité tutélaire, comme le génie
familier de l'endroit. La reine d'Écosse avait là
son oratoire, avec des portraits, des statues, une
espèce de chemin de croix où étaient représentés
les principaux épisodes de sa vie douloureuse : là
se réunissaient les initiés, c'est là qu'on évoquait
la belle princesse, les esprits.

La demeure était somptueuse, digne des hôtes
invisibles qui la hantaient, dont l'*Aurore* recueillait pieusement les communications.

Le Grand Salon, appelé Salle du Trône, agré-
menté d'une vaste estrade destinée aux conférenciers et artistes, ne mesurait pas moins de quatorze
mètres de hauteur ; plus de trois cents personnes

pouvaient s'y asseoir confortablement : il faut bien l'avouer, les tableaux qui le tapissaient de haut en bas, étaient de médiocre valeur.

Dans la chambre à coucher de la duchesse, des légions d'anges spirites, tournant autour de la colombe du Paraclet, semblaient courir les uns après les autres comme dans un steeple-chase céleste.

Le jour où je fus présenté, Imbert de Saint-Amand, qui précédait mon cornac, dit tranquillement à la duchesse, en lui baisant la main :

« Duchesse, je vous supplie de me mettre aux pieds de la reine. »

Et elle, de répondre avec la même sérénité :

« Je ne la verrai ni aujourd'hui ni demain, mais après demain sans faute je lui transmettrai vos compliments. »

On entendait chez elle des conférenciers spirites, Mme Blavatzky, Jules Bois, mais Jules Bois n'était spirite que sous bénéfice d'inventaire et sous certaines réserves ironiques ; il y avait aussi des conférenciers scientifiques s'aventurant dans les provinces voisines du spiritisme ; des conférenciers littérateurs, historiens, des représentations théâtrales, des concerts, des bals, où heureusement, les thaumaturges ne représentaient qu'une infime minorité.

Sur son culte de Marie Stuart, la duchesse greffait le culte de Naundorff, un des nombreux aventuriers ou descendant des aventuriers qui prétendirent ou s'imaginèrent être Louis XVII! Laguerre, l'ancien boulangiste, pérora là-dessus, non sans éloquence, pendant une heure trois quarts.

La châtelaine m'ayant demandé une conférence, j'avais proposé comme sujet : *Les femmes du* xviiiᵉ *siècle*. Deux de mes jeunes amies la rencontrant chez la comtesse Ducos, lui parlent de moi avec beaucoup de bienveillance :

« Oui, acquiesce-t-elle, le sujet de la causerie est bien conçu pour un public mondain et frivole, mais je suis extrêmement préoccupée.

— Et pourquoi donc, chère Madame?

— Lorsque j'ai annoncé la nouvelle à la reine, elle a froncé le sourcil, et m'a tourné le dos. »

Depuis, j'avais conquis les bonnes grâces de la reine, et la duchesse m'honora de son amitié. Chose rare, chez les apôtres, elle n'essayait pas de me convertir à ses croyances : son seul moyen de propagande consistait en ce que les abonnés de l'*Aurore* — vingt francs par an — étaient de droit invités aux conférences.

A propos de ces causeries, une légende courut, d'après laquelle la duchesse couvrait d'or ses conférenciers. La vérité est qu'elle ne leur offrit jamais plus que le verre d'eau traditionnel, accompagné d'un buffet, honorablement servi, pour les auditeurs. Et quant aux dîners somptueux, il faut aussi beaucoup en rabattre, ils étaient rares, et très ordinaires.

Son fils, qu'elle avait enrôlé dans son culte spirite, en lui faisant signer un de ses volumes, s'entendait beaucoup mieux qu'elle à recevoir. Je me suis laissé dire que les thaumaturges qui

s'étaient flattés de tirer pied ou aile de cette ini-
tiée, aussi positive sur le terrain des choses ter-
restres que romanesque dans le domaine de l'infini, furent déçus avant, pendant et après.

Il y a un coin de divin dans l'homme, un coin
qu'il faut à tout prix remplir de vérité ou d'erreur.
Et les illusions ne sont pas la moins charmante
ni la moins chère de nos propriétés. Heureux ceux
qu'elle aide à faire une agréable promenade à travers l'existence! Ces théosophes ont une foi, et
n'en a pas qui veut ; d'ailleurs ils ne manquent
point d'affimer que l'erreur d'aujourd'hui sera la
vérité de demain, et ils invoquent l'histoire. Je
crois, pour ma part, qu'elle les condamne; mais
ne troublons pas leur rêve.

Les Salons Milliardaires

J'appelle ainsi, comme on pense, ceux où la fortune permet de donner des fêtes grandioses, bals, dîners, spectacles et chasses.

Ce qu'ils ont pour eux : d'abord, ces galas font travailler un nombre considérable de fournisseurs et de pauvres gens. Ils satisfont aussi le besoin d'extraordinaire qui est en nous ; les petits ou moyens plaisirs sont un peu comme le pot-au-feu ou le gigot dans un ménage : on s'en lasse au bout d'un certain temps, l'estomac réclame des truffes, des bécasses, du Château-Yquem, d'où peut-être le conseil d'Hippocrate de s'offrir une petite orgie mensuelle. Il faut se montrer reconnaissant envers ces nababs, qui vous offrent un grand *extra* imprévu, une joie des yeux, des jambes, de l'appétit : elle se traduit par une joie de l'esprit, elle est en quelque sorte son armature, son support, son point de départ.

Boufflers n'a-t-il pas dit très justement que le bonheur est le plaisir fixé ? Dans un salon milliardaire, le plaisir est fixé pour un jour, pour une nuit, chose très appréciable. Les plus sages, à certaines heures, sont charmés de sortir d'eux-mêmes, de voir ce qu'ils n'ont jamais vu, ou n'ont pas vu depuis longtemps ; ils se créent ainsi des perspectives nouvelles, puisqu'on n'entend jamais la même parole, puisqu'on ne contemple jamais le même panorama.

Et ce sentiment-là correspond à un autre aspect
de notre nature, la curiosité, le goût de la vie par
le mouvement, un désir vague ou précis, de plaire,
de faire des découvertes dans les âmes, cet état
d'esprit particulier que quelqu'un définissait ainsi:
« On s'attend à de l'imprévu. »

Enfin, pour les êtres compliqués, l'espoir d'un
petit roman, platonique ou non ; pour les simples,
la volupté d'un déduit collectif, la vision des
gestes qui amusent l'ami de Fantasio, l'émotion
des bravos multipliés en présence des variations
de Zambelli ou Johnston, des comédies jouées par
nos premiers artistes, les shimmy, les fox-trott,
les tango dansés par de beaux couples, les vins
ensoleillés, les mets dignes de Cambacérès. Ajou-
tez-y l'impression, ou profonde et réfléchie, ou inconsciente et simplement sensuelle, que produisent
ou produisaient : les concerts de Mme de Chambrun, les vingt-cinq Guardi, les Franz Hals de la
baronne David Léonino, les cinquante-six Chardin
d'Henri de Rothschild, les la Tour, les Fragonard,
les Aimé Morot de Mme Watel Dehaynin, les collections des châteaux de Ferrières et de Voisins, de
la baronne James de Rothschild à Fontaine, les
battues des Vaux de Cernay, de Tigery, Boishou-
drant, de cent autres résidences, les meubles les
plus rares, la splendeur discrète des Saxe, des
Delft, des japonaiseries, des chinoiseries, qui avec
leur habile disposition, achèvent la conquête des
esprits par les yeux, complètent la séduction qui
se communique à l'âme par les sens.

N'est-ce pas de quoi expliquer ou même justifier l'espèce d'ensorcellement, d'aimantation magique qu'exerce tout cela même sur les esprits les plus pondérés?

Ce qui manque parfois à ces salons, c'est l'amitié, l'intimité, les grandes conversations ; ceux qui seraient capables de celles-ci abdiquent momentanément en y mettant le pied, les autres ne sont capables ni d'y prendre part, ni de s'y intéresser. L'âme des uns et des autres obéit à un autre branle. De tels salons ressemblent beaucoup aux cours où chacun se compose un visage, des attitudes convenues : on ne se soucie pas de risquer d'être mis à l'index par un élan de franchise, on y fait acte de courtisan, on veut plaire, s'ancrer, devenir un familier de l'endroit. Et les passions qui agitaient l'atmosphère des cours se retrouvent ici, avec leur cortège de platitudes et de perfidies.

Mme de Choisy recommandait à son fils de s'attacher au gros de l'arbre, c'est-à-dire au roi. Ceux qui sont là n'ont cure des grands esprits, des belles âmes qui peuvent s'y rencontrer ; ils n'ont pas grande confiance dans les autres hôtes, flairent en eux des critiques, moqueurs ou hostiles; ils veulent être amusés, s'amuser et comptent plutôt leur plaisir qu'ils ne le pèsent. La grosse gaieté l'emporte sur le fin sourire, les farces tintamarresques sur les mots à la Rivarol. Les maîtres de maison ne cherchent pas non plus midi à quatorze heures : ayant une clientèle énorme, ils ne se préoccupent guère de faire une sélection, se contentent de quelques favoris habitués, exigent l'assiduité, la présence réelle, comme Louis XIV, comme Napoléon Ier, se gardent bien d'aller chercher les timides, les modestes.

Un autre écueil des cours, non moins fâcheux en un pays similaire : la contradiction anime la causerie ; on ne contredit pas dans les cours, et voilà pourquoi elles sont ternes.

Il faut nommer tout d'abord l'Abbaye des Vaux de Cernay, que les Henri de Rothschild, évidemment guidés par quelque Léouzon Leduc, ont merveilleusement réparée; la baronne Henri était d'ailleurs une grande organisatrice, ayant le goût et le sens de l'action ; avec cela très bonne éducatrice, ses trois enfants lui font honneur. Je me rappelle avoir voyagé pendant une heure avec son fils aîné, alors âgé de douze ans, et il me surprit par la précocité de son jugement, ainsi que par son aptitude à comprendre les questions historiques.

Le 16 janvier 1906, j'ai chassé à l'Abbaye des Vaux de Cernay, avec MM. de Knyff, Lionel de Rothschild, Kohn, Deutsch de la Meurthe, Buquet, Justinien Clary, etc... Au tableau 575 pièces. Défense absolue aux vingt-sept gardes et autres serviteurs de recevoir un pourboire quelconque, et défense observée, ce qui est encore plus rare : quand j'ai présenté ma pistole au garde qui s'occupait de moi, il m'a remercié négativement avec une parfaite courtoisie.

Le terrain de chasse comprend 4.500 hectares, dont une partie est louée aux voisins. Il y a, proche le château, de grands étangs où s'ébattent des centaines de canards mi-domestiques, mi-sauvages : certains jours, les gardes les apportent sur des hauteurs boisées, d'où à l'heure de la battue, les rabatteurs les poussent vers les tireurs, et c'est un coup de fusil difficile, car ils passent très haut. Dans une battue de faisans, j'étais à côté du vicomte Clary ; il combina son tir avec tant de précision, qu'à la fin du rabat, il avait autour de lui, formant un cercle régulier une trentaine de coqs : on ne tirait pas les poules.

A la chasse du roi de Portugal, en plein hiver, de huit heures du matin à quatre heures du soir, (une heure pour le déjeuner), neuf tireurs ont abattu 4.767 pièces ; le roi avait quatre fusils, tirait en perfection, et comme on pense, les porteurs de fusils avaient assez à faire de lui passer rapidement l'arme chargée ; car c'était un feu roulant.

Un autre jour, il nous conta, le sourire aux lèvres, une petite anecdote :

« Sachant que le roi fumait sans discontinuer, j'avais fait venir deux boîtes de cigares de la Havane ; chaque boîte renfermait cent cigares et coûtait sept cents francs. J'en fis placer une au salon, l'autre dans la chambre à coucher de Sa Majesté qui resta vingt-quatre heures à l'Abbaye. Quand il fut parti, je chargeai mon maître d'hôtel qui est très sûr, de me rapporter les boîtes : il restait beaucoup de cigares dans celle du salon, plus un seul dans l'appartement privé du roi. Evidemment l'entourage de celui-ci fumait beaucoup. »

Après avoir débité cette historiette, Henri de

Rothschild prit machinalement un jeu de cinquante-deux cartes qui avait encore son enveloppe:

« Je vais voir, dit-il, si j'ai le coup de main d'autrefois. »

Il l'avait, car il cassa le jeu en deux d'un coup sec.

Une autre fois, il avait invité Alexandre Duval, celui qui s'était surnommé lui-même Godefroy de Bouillon. Ses cocasseries et plaisanteries ne m'amusèrent pas beaucoup et j'avais tort, car elles charmèrent les autres chasseurs qui rirent à gorge déployée... pour ce que rire est le propre de l'homme, et parce que sans doute le désir d'échapper à toute affaire sérieuse pendant une journée les prédisposait à se réjouir.

Et puis, cette variété d'esprit n'est nullement à dédaigner. Duval parlait volontiers l'argot, appelait son auto : mon canasson ; son lit : ma punaisière ; il eut fait la joie de Mme A... avec ses : *Ne te fais pas de mousse pour elle, je poireaute, un ménage à la colle, je suis chipé pour vous, une vieille truffe pas ordinaire* (un type), *j'avais l'air à la crotte, piquer sa romance* (ronfler), *je craque sur elle,* etc... Et cette orgie de termes fantaisistes dura de dix heures du matin à onze heures du soir ; personne ne s'en plaignit.

Donc il eut les honneurs de la journée, même auprès des dames ; il se blaguait lui-même, ce qui est aussi un élément de succès. Par exemple, une actrice faisant allusion à ses aventures de jeune homme, lui dit d'un ton encourageant :

« Oh ! Je sais que vous avez eu des bonnes fortunes. »

Et Duval de lui répondre :

« Oui, peut-être, mais c'est loin ; aujourd'hui
je n'ai plus que des bonnes sans fortune. »

Et encore :

« J'arrive à une répétition générale, vêtu d'un
de mes habits brun-marron qui épatent les ba-
dauds. Un Labadens me crie : « Tu n'as donc pas
» d'habit noir, Duval? — Si, mais l'habit noir,
» vu ma profession, je le mets pour servir à table.
» Alors, quand je suis de sortie, je mets un habit
» brun, tu comprends ? »

Henri de Rothschild est un philanthrope de haut
vol : fondations scientifiques, restaurants popu-
laires, hôpitaux, vins, lait à bon marché, il organise avec dévouement et compétence tout ce qui
peut améliorer le bien-être des travailleurs, con-
sacre des millions à ses œuvres. Il écrit beaucoup, aborde tous les genres ; brochures scientifiques, nouvelles littéraires, comédies dramatiques, rien ne lui est étranger ; il a donné au théâtre plusieurs pièces, soutenu des thèses hardies,
que le succès a couronnées.

A sa mère la baronne James de Rothschild dont
la bonté est rayonnante et à sa sœur la baronne
Leonino, on peut appliquer ces deux vers de
Leconte de Lisle :

Par delà l'heure humaine et le temps infini,
Leur cœur est embaumé d'une odeur immortelle.

Mme Louis Stern est aussi, d'une autre façon, un écrivain polygraphe.

Ses pièces! Les premiers acteurs de Paris les jouaient, il y a quelque trente ans dans son bel hôtel ; ils les jouaient comme ceux du xviiie siècle jouèrent celles de la marquise de Montesson, la *tantâtre* de Mme de Genlis, mariée secrètement au duc d'Orléans, devant une compagnie que la perspective d'un bon souper consolait de cet ennui en quatre parties.

Mme Stern ne se contentait pas d'applaudissements plus ou moins artificiels; elle aimait la vie, le mouvement, la danse ; peut-être s'imaginait-elle que danser, c'est prier avec ses jambes ; ou bien encore que la danse est un acte d'amour et fait maigrir. Ce qu'il y a de certain, c'est qu'elle dansait avec l'entrain d'une jeune femme de vingt ans, et elle se refroidit à mon endroit, parce qu'au bal, j'eus l'imprudence de lui confesser que je ne dansais plus. Avait-elle calculé que nous étions du même âge? Je n'y pensais certes pas, elle fut froissée, je le sentis et cessai de fréquenter chez elle. Aussi bien la disparate entre les grâces nécessaires de la sylphide et cet enbonpoint trop accusé, me semblait choquante.

J'entendis souvent parler d'elle, de sa belle villa du cap Martin, de sa fastueuse hospitalité ; elle était charmante, pleine de verve, et je me suis laissé dire qu'elle avait donné dans l'occultisme, ne prenant aucune décision ou majeure ou mineure, sans consulter les esprits par les tables tournantes.

Son gendre, le marquis de Chasseloup-Lambert, est bien racé de toutes façons. J'ai passé avec lui une saison à la Bourboule jadis, et nous avions ébauché un commencement d'amitié. Il me cita ce trait d'administration routinière : il proposait d'installer à ses frais une brigade d'agents cyclistes contre les fous de vitesse qui font tant de victimes. M. Lebureau répondit :

« L'Etat n'accepte rien des particuliers.

— Et bien alors, créez cette brigade.

— L'Etat n'a pas d'argent pour cela. »

Tout de même on réalisa l'idée quelques années après ; bien des vies humaines eussent été épargnées si elle avait été dès lors exécutée.

Salons de Musique

On dit pour la musique : qu'elle est une métaphysique devenue sensible ;

Qu'elle commence où la parole finit ;

Que le sage est naturellement musicien : il distingue par la musique si un Etat est bien réglé ou proche de sa ruine (axiome chinois) ;

Qu'elle est le seul des talents qui jouisse de lui-même ; tous les autres veulent des témoins.

On a émis en son honneur des milliers de pensées répandues dans des milliers de livres ; et on a eu raison.

On a tenu contre la musique une foule de propos spirituels, ou absurdes, qui prouvent surtout l'incompréhension de ses détracteurs. La plupart des poètes l'ont détestée, elle leur faisait concurrence.

L'un d'eux voit en elle le plus cher de tous les bruits. Théophile Gautier l'appelle : du silence gâté.

On peut entasser sur elle des Ossas de calomnies, des Pélions de railleries, on ne l'empêchera pas d'être, de s'affirmer comme le soleil, la nature, la beauté, l'amour. Rien, a-t-on dit un peu naïvement, ne prévaut contre les vingt-cinq soldats de Gutenberg ; il est encore bien plus sûr d'affirmer que rien ne saurait prévaloir contre la musique, qu'elle charme et charmera toujours l'humanité, parce qu'elle est à la fois une science, un art, un don, un instinct, qu'elle a des chansons pour toutes les fêtes, des consolations pour toutes les douleurs, qu'elle est notre compagne dans la solitude, dans les foules. Et c'est pourquoi il y a, il y aura toujours des salons qui lui seront plus spécialement consacrés, comme des temples à certaines divinités, des salons, des fanfares, des orphéons qui sont pour les adeptes les écoles normales ou collèges de la musique, comme les concerts publics figurent son école normale supérieure. Les maîtresses de maison s'appliqueront à réaliser la formule de la marquise du Châtelet :

« Nous sommes en ce monde pour procurer à nos invités le plus grand nombre possible de sensations et de sentiments agréables. »

Peut-être l'humanité sera-t-elle préservée des horreurs de l'anarchie par l'union féconde de la science et de la musique.

Et c'est le cas de rapporter aux fanatiques de musique une requête que j'ai entendu formuler par des centaines de non-fanatiques. Que le concert soit court : une heure, une heure et quart d'attention, c'est le maximum d'effort du Parisien. Lorsqu'il pressent que cela durera davantage, il lui prend une démangeaison incoercible *de s'en aller, de ne pas écouter, ou de bavarder.*

Ajoutons cette petite anecdote que j'inscris comme un avertissement contre les excès de zèle des directrices de salons :

Un pianiste à jet continu s'escrime depuis vingt-cinq minutes sur l'instrument qu'abhorrait le bon Labiche. La maîtresse de maison essaie de plaider les circonstances atténuantes, en faisant remarquer qu'il faut un grand talent pour exécuter un morceau aussi difficile.

« Que n'est-il impossible! » soupira Coquelin cadet, qui considère cet intermède comme un simple guet-apens.

Et enfin le mot féroce de X... entendant dire que la première guillotine fut construite par un facteur de pianos :

« Je m'en étais toujours douté. »

Théodore de Banville raconte que Roqueplan donnait chez lui des concerts de cinq minutes : un seul et toujours un grand artiste. C'était peut-être sa façon de protester contre les gens qui ne savent pas s'arrêter.

Voici les principaux salons de musique où j'ai fréquenté depuis quarante ans :

Mmes Krauss, Gallet, Cousin, Fourton, comtesses de Maupeou, de Chambrun, Mmes Sulzbach, Tassart, Kirievsky, Auff' M'Ordt, Gabriel Ferrier, MM. Saint-Hilaire, de Chevarrier, Hardy-Thé, Mmes Griset, Fuchs, marquises de Brou et de Saint-Paul, Gaston Lemaire, Cauvain, vicomtesse de Trédern, princesse de Faucigny-Cystria, princesse Brancovan, princesse Bibesco, M. Robert Le Lubez.

A Paris, place Vendôme, au château de Brissac, chez Mme de Trédern, les fêtes musicales, littéraires ou purement mondaines se sont succédé avec autant de régularité que d'éclat.

La salle de spectacle du château est située au second étage, très élevée, de grand style, recouverte sur les murs d'une tenture rouge à fleurs d'or, au plafond bleu et or avec piliers dorés soutenant des deux côtés la voûte de la scène.

On ne saurait trop louer en Mme de Trédern la maîtresse de maison ; la cantatrice excellente, sachant chanter et jouer ses rôles, les détailler de telle sorte qu'on comprenne les paroles, a su se faire applaudir tant qu'elle a voulu monter sur la scène, même après soixante ans. La maîtresse de maison était tout à fait hors de pair, et je n'en ai guère vu qu'on puisse lui comparer pour la fertilité des inventions, la science des détails et des ensembles, l'art d'insuffler à ses collaborateurs l'ardeur qui embrase, de les porter au-dessus d'eux-mêmes. Avec cela, la stratégie et la tactique du succès, la prévoyance qui devine les difficultés, le sang-froid et le coup d'œil rapide qui appliquent le remède à point nommé. Que de fois ne lui ai-je pas dit ou écrit :

« Vous êtes une Napoléonide; comme mondaine, vous avez eu votre campagne d'Italie, votre campagne d'Egypte, votre campagne de Prusse, et vous n'aurez jamais votre guerre d'Espagne ni votre guerre de Russie! »

A Brissac, au plus fort de la *grande semaine*, comme on disait, le cuisinier, un matin, veut la faire chanter, lui imposer des conditions léonines, sinon il partira séance tenante. Le soir, elle avait quarante personnes à dîner, en attendait cinquante autres.

« Vous resterez, répond-elle, aux mêmes appoin-

tements que par le passé, ou vous partirez tout
de suite. »

Croyant la faire passer sous ses fourches cau-
dines, il essaya de parlementer.

« Inutile, reprit-elle, on va vous régler et vous
prendrez le train d'onze heures. »

Il voulut crâner, espérant toujours qu'elle le
rappellerait au dernier moment. Il n'en fut rien ;
Mme de Trédern avertit par dépêche Potel et Cha-
bot, et personne ne se douta de ce coup d'État
domestique.

*
* *

Ernest de Chevarrier donna aussi de savoureuses
auditions musicales pendant plusieurs années. Il
imagina de faire des séries : de quinzaine en quinzaine les gens du monde, le gratin ; les quinzaines
suivantes un monde moins sélect, artistes, comédiens, noceurs, etc...

J'étais des deux ateliers ; un soir, entrant au
salon, j'aperçois une fort jolie femme dont la tête
reposait langoureusement sur l'épaule de son ami,
tandis qu'un bras éloquent servait de boa ou de
chaîne de fleurs pour attirer celui-ci tout près, tout
près de ses lèvres, si près, si près qu'elles rejoi-
gnaient à chaque instant les lèvres de l'élu. Je ne
suis pas sévère, et cependant ce spectacle me
scandalisa un tantinet, moins certes que deux femmes de compositeurs qui émirent des réflexions

dénuées de bienveillance pour la dame, le favori (un jeune prince roumain) et le maître de céans.

Et tandis que nous palabrions sur cette scène érotique, Chevarrier s'approcha et me dit, comme la chose la plus naturelle du monde :

« Je vais vous présenter à Mme Liane de Pougy ; elle désire vous connaître et a lu plusieurs de vos livres. »

Je répondis assez froidement que je préférais ne pas entrer en relations avec une personne qui prenait des libertés plus que gallicanes avec la pudeur.

Il insista.

Tous les hommes du salon seraient trop heureux de lui parler ; elle était de bonne famille, avait épousé un lieutenant de vaisseau, publié des romans ; c'est comme confrère qu'elle désirait cette présentation ; Chevarrier laissa même entendre que je le désobligerais en refusant.

Les maris de mes amies et deux autres personnes nous écoutaient. Je repris nettement :

« Mon cher ami, vous avez vos susceptibilités de maître de maison, j'ai mes susceptibilités d'invité, et je suis persuadé qu'elles ont leur raison d'être, qu'elles rencontrent ici même des approbateurs.

— Soit, vous regretterez votre austérité.

— J'en prends la responsabilité. »

Je crus que Chevarrier ne m'inviterait plus, car je le sentis très monté, et me consolai avec les remerciements de mon groupe ; mais Chevarrier était homme d'esprit, il se défia de son premier

mouvement qui n'était pas le bon, comptait que
j'aurais pour moi presque tout le monde, si l'on
se brouillait, et il n'en fut que cela.

*
* *

Avant et après la guerre, très originales fêtes
musicales chez la princesse Léonie de Faucigny-
Cystria, née Trévise. Sa voix va au cœur et à l'esprit, est en parfaite harmonie avec sa rare beauté.

Elle aime beaucoup la musique ultra-moderne,
les écoles nouvelles qui montent à l'assaut du succès les unes derrière les autres, et veulent conquérir leur place au soleil, comme il advient pour les
novateurs en peinture, en sculpture, en littérature ; elle les aime et les fait aimer, ou du moins
en inspire la curiosité, premier degré de l'admiration, pas toujours.

C'est elle qui commença de déraciner mes préjugés contre ce qu'une autre de mes amies, réac-
tionnaire à tous crins, nomme de la *musique d'in-
verti*. Le concert du 17 juin 1921 avec quatre har-
pistes, Georgette Leblanc, m'a laissé une impression inoubliable ; ce que j'ai entendu, je ne sau-
rais le préciser, mais ç'a été une de ces heures
qui servent d'échelons entre la terre et les cieux,
et nous mettent de plain-pied avec l'infini.

Avant la guerre, la marquise de Trévise, mère
de la princesse, donnait des dîners tout à fait
attrayants dans ce beau château de Sceaux, qui

avait appartenu jadis à la duchesse du Maine, et fut donné au maréchal Mortier par Napoléon : deux cents hectares d'un seul tenant sur le territoire de quatre communes, à la porte de Paris ; les beaux jardins à la française me firent souvent regretter d'arriver à l'heure du dîner, trop tard pour me promener dans ce superbe parc aux arbres centenaires : aujourd'hui il est vendu et dépecé.

Les Salons de Bridge

Une variété nouvelle. A peu près quarante ans
d'existence ; se sont multipliés, ont pullulé avec
une telle rapidité, qu'un de mes amis prétendit
qu'il en existait environ dix-huit cents à Paris seulement.

On jouait le bridge dans les tranchées concur-
remment avec la manille ; on continua de le jouer
avec moins de ferveur à Paris, sous la menace
des Berthas qui parfois marquèrent les honneurs
d'une manière désagréable, sinon imprévue.

Le bridge est le plus difficile, le plus scienti-
fique, le plus charmant de tous les jeux, celui qui
offre le plus de fantaisie et d'imprévu, que les
ignorants et les habiles cultivent avec un égal enthousiasme, qui exige le plus de stratégie et de
tactique, de psychologie et de divination, de raisonnement et de mémoire, de décision rapide et de
calcul soudain. Il garde encore cette prééminence,
qu'il n'a pas le caractère d'un jeu d'argent, qu'on
ne saurait lui appliquer cette maxime de pyrrho-
nisme transcendant : « Le jeu, c'est l'argent des
autres ».

Pas une châtelaine qui ne lui rende grâces, car
il est à la campagne aussi précieux que la comédie
de société et la chasse, plus précieux même : la
comédie d'amateurs enchante les comédiens pendant des semaines, mais n'amuse le public que

pendant une soirée ; et l'on chasse seulement cinq mois par an.

Autre avantage du bridge : chacun sait qu'il est impossible de parler quelque temps de son prochain sans finir par en dire du mal. Pendant qu'on bridge, on ne calomnie presque pas, on ne médit guère.

Et encore : au bal on se déphosphate, au bridge on ne se déphosphate nullement.

Qui donc a défini l'amant platonique : un croyant qui ne pratique pas ? Le bridge n'a que des croyants qui pratiquent. On peut dire aussi qu'il fait le pont entre le travail et la frivolité, qu'il est le déduit aimable des laborieux, le labeur charmant des oisifs. Avec cela, balsamique au premier chef, combinant le mouvement et le repos de l'esprit, chassant les noirs soucis, les âpres mélancolies, devenant une admirable ressource contre les ennuyeux, et une providence fort appréciable pour les ennuyés. Le *bridge est de deuil*, affirmait un de mes amis à X., qui venait de perdre sa femme, et qui, d'ailleurs ne demandait qu'à se laisser convaincre.

Et enfin, pour faire court, le bridge est un dérivatif, ou, si l'on veut, un exutoire ; il joue le rôle que Mme de Girardin attribuait aux clubs. Il ne fait pas le vide dans les salons, ne les épuise point ; il les débarrasse de leur bois mort, ne prend que les non-valeurs volontaires ou involontaires. Pourquoi des hommes supérieurs feraient-ils des frais d'éloquence ou d'esprit devant des gens qui n'ont d'yeux et d'attention que pour la toilette, la médisance, et ne s'intéressent qu'au département des niaiseries? Au fond, je suis tenté de croire que, dans une certaine mesure, le bridge apprend aux snobs à se concentrer, à goûter le charme des nobles causeries : en aiguisant les facultés d'induction et de déduction, de sagacité et de finesse, il les exerce au silence, les habitue insensiblement à écouter.

En somme, les salons de bridge m'apparaissent comme des sortes d'oasis de l'esprit, moins raffinés sans doute que les salons de pure conversation, très supérieurs aux clubs, aux cercles, où l'on échappe à soi-même et aux autres, où l'on se repose des sports frivoles et des travaux intenses, où l'on fait des provisions de bonne humeur et de philosophie optimiste.

Table des Matières

Imp. G. THONE, Liège (Belgique) 1 30

Ars et Fides

Sont déjà parus :

L'Ile des Saints, roman par Paul RENAUDIN.

Carnet Intime, d'Amédée GUIARD.

Quand Dieu parle, par Léopold LEVAUX.

Le Chemin de Rome, par A. MABILLE de PONCHEVILLE.

Trois Jeunes Saints, par Cyril MARTINDALE, S. J.

Lettres de Léon Bloy à Fréderic BROU et à Jean de la LAURENCIE.

Dans l'Herbe des Trois Vallées, par H. POURRAT.

Vie de Sainte Douceline (texte provençal et français), par Raoul GOUT.

Le Bestiaire des deux Testaments, par Paul CAZIN.

Le Retour de Don Quichotte, par G. K. CHESTERTON.

Élévations, par Géo VALLIS.

Le Jour Suprême, par Johannès JOERGENSEN, traduit par Mme CORNET.

La Divine Douleur, par Francis JAMMES.

Les Chemins de la Montagne, par René LEYVRAZ.

Je chercherai votre Visage, par Anne-Marie PANHE-LEUX.

Louange de l'Hostie. Anthologie de poèmes modernes en l'honneur du Très Saint Sacrement.

La Vie Ardente de J. Gerson, par M.-J. PINET.

Théâtre au clair de lune, par Paul RENAUDIN.

Imprimerie G. THONE. Liège (Belgique).

www.ingramcontent.com/pod-product-compliance
Ingram Content Group UK Ltd.
Pitfield, Milton Keynes, MK11 3LW, UK
UKHW022016170726
13837UKWH00001B/221